Bitte einsteigen!

Achim Bröger

Bitte einsteigen!

Mit dem Zug durch Deutschland

Illustrationen von
Johann Brandstetter

WIEKRA Edition

Inhalt

ERZÄHLTEIL: Mit dem Zug durch Deutschland

Los geht's 7

Ein super Eisenbahntag 15

Weiter geht's 23

Lucy findet was 32

Zur Insel 39

SACHTEIL: So funktioniert die Eisenbahn

Pferde und Schienen 49

Volldampf voraus! 57

Der Bahnhof: Tor zur Welt! 62

Drüber und drunter: Berge und Täler 67

Ein Netz aus Schienen 74

Neue Lokomotiven 87

Gütertransport mit der Bahn 90

Schwebebahn und Wasserstoffzug 95

Berufe bei der Bahn 99

Los geht's

„Wann kommt denn endlich die S-Bahn?", fragt Lucy.
„In ein paar Minuten", antwortet ihre Mutter. Sie fasst in die Jackentasche, sucht etwas und fragt ihren Mann: „Justus, hast du unsere Fahrkarten eingesteckt oder habe ich sie?" Papa greift in seine Jackentasche, sucht kurz und zieht den Umschlag raus, in dem die Fahrkarten stecken.
„Oh!", stöhnt er, „das hätte uns gerade noch gefehlt, dass unsere Fahrkarten zu Hause liegen und wir im Zug sitzen."
Sie wollen von Puchheim in der Nähe von München zur Nordseeinsel Borkum fahren. Bei ihrer Fahrt von Süden nach Norden werden sie fast durch ganz Deutschland reisen.
„Die S-Bahn kommt!", ruft Luca. Zuerst sehen sie die sehr klein und weit entfernt. Schnell kommt sie näher, wird größer und lauter. Schließlich steht sie vor ihnen auf dem Bahnsteig. Die Türen öffnen sich. Piep. Piep. Piep. Menschen steigen aus und Familie Lange steigt ein. Mit ihrem Koffer, Papas Rucksack, Lucas Trolley und Lucys Umhängetasche.
Sie finden schnell freie Plätze und setzen sich. „Für die S-Bahn kann man keine Sitzplätze reservieren", sagt Mama. „Im ICE, in den wir in München umsteigen, haben wir reservierte Plätze." Von Puchheim, wo sie wohnen, sind sie schon öfter mit der S4 zum Hauptbahnhof in München gefahren.
Papa fällt ein: „Unsere Urgroßeltern sind diese Strecke noch mit der Kutsche gefahren, und die wurde von Pferden gezogen."
„Ich glaube, das waren unsere Ur-Urgroßeltern, so lange ist das her", meint Mama. Lucy schwärmt: „Oh, das war bestimmt toll." Sie findet nämlich alles toll, was mit Pferden zu tun hat.

Ihre S-Bahn hält im Tiefbahnhof München, also unter dem Hauptbahnhof. Die Familie muss ein paar Minuten zu ihrem Bahnsteig im Hauptbahnhof gehen, wo ihr ICE in einer halben Stunde abfahren wird. Die vier gehen los, mit Koffer, Trolley, Taschen und Rucksack, die Eltern voran.

Im Tiefbahnhof ist es laut. Lucy staunt: So viele Leute wuseln hier durcheinander. Auf dem Boden sieht Lucy eine Münze. Sie bückt sich. Ach nee ... das ist nur ein Knopf. Plötzlich erschrickt Lucy. Ihre Eltern und Luca sind zwischen all den Menschen verschwunden. Einfach weg. Lucy bleibt stehen und guckt. Leute stoßen sie an, drängeln vorbei.

Wo sind die Eltern denn? Was mache ich bloß?, denkt sie.

Plötzlich steht Papa vor ihr. Endlich. Und er fragt: „Lucy, wo warst du? Wir haben dich gesucht. Mensch, haben wir uns erschreckt." Lucy wischt sich eine Träne aus dem Auge. Papa erzählt, dass Mama und Luca unter der großen Uhr da vorne warten. Lucy nimmt Papas Hand, damit er nicht nochmal verschwindet. Gleich darauf freut sich Mama: „Da bist du ja wieder!" Und sie drückt Lucy ganz fest. Luca würde Lucy auch gern drücken, aber weil Mama das tut, tätschelt er ihre Schulter.

Sie gehen zur Rolltreppe. Rolltreppen fahren macht Luca und Lucy Spaß. Lucy lässt Papas Hand immer noch nicht los. Sie steigen auf die erste Stufe der Rolltreppe und hoch geht's. Oben ruft Luca: „Ich renn die Treppe da drüben runter und fahr nochmal hoch. Das ist supertoll." Mama sagt: „Bloß nicht. Unser Zug kommt bald!"

Sie gehen zum Gleis 22. Auf einer großen elektronischen Tafel stehen die Abfahrtzeiten der Züge. „Unser Zug fährt pünktlich ab", sagt Mama.

In der riesigen Bahnhofshalle ist es wie mitten in der Großstadt. Sie kommen an Cafés vorüber, an Gaststätten, Blumenläden, Buchhandlungen, Süßwarengeschäften, Bäckereien, Banken, Reisebüros und einer Apotheke. Schilder zeigen, wie man zu Taxis kommt, zu den U- und S-Bahnen, den Bussen, zur Gepäckaufbewahrung und zu den Toiletten. Man hört

Lautsprecherdurchsagen, die über Züge informieren. Und dazwischen sehen sie Frauen und Männer vom Zugpersonal in ihrer blauen Kleidung mit den roten Mützen.

Papa holt einen Gepäckwagen. Jetzt muss Lucy seine Hand doch loslassen. Aber nur kurz. Er stellt den Koffer und Lucas Trolley auf den Wagen und Lucy nimmt schnell wieder seine Hand. Luca ruft: „Auf dem Wagen ist noch Platz!" Er springt drauf, hält sich fest und verlangt: „Papa, schieb mich!" Mama lacht und Papa schiebt.

Lucy denkt: Ich möchte auch geschoben werden. Aber dazu müsste ich Papa loslassen. Nee, bloß nicht.

Hier sind Menschen aus vielen Ländern unterwegs. Alleine oder in Gruppen. Manche umarmen sich und lachen glücklich, weil sie wieder zu Hause sind, andere schauen traurig, weil sie sich verabschieden. Und wieder andere freuen sich auf eine Reise. Wie Familie Lange.

„Wir müssen zum Gleis 22", sagt Papa. „Und dort zum Abschnitt C. Da steht der Wagen, in dem wir Plätze reserviert haben."

„Woher weißt du das?", fragt Luca. Papa antwortet: „Das steht auf den Karten für die Reservierungen." Lucy will wissen: „Auf den reservierten Plätzen dürfen nur wir sitzen?"

„Ja", antwortet Mama. Jetzt sind sie am Bahnsteig 22. Papa stellt den Gepäckwagen ab. Kurz darauf fährt der Zug in den Bahnhof. Am Abschnitt C warten viele Reisende. Mama zeigt auf eine Wagennummer und sagt: „In den Wagen müssen wir."

Im Wagen sucht Mama die reservierten Plätze. Leute mit Koffern und Taschen drängen sich an ihnen vorbei. Jetzt winkt Mama. Sie hat ihre Plätze gefunden. Vier gegenüberliegende Sitze haben sie hier im Großraumwagen. „Ganz für uns!", freut sich Luca.

Die Kinder sitzen gern in Fahrtrichtung. Jetzt lässt Lucy Papas Hand los und setzt sich schnell auf den Platz am Fenster.

Luca stöhnt: „Das ist mein Platz!" Und er setzt sich auf Lucys Knie.

„He", sagt Mama. „Lass das! Ihr könnt abwechselnd auf dem Platz sitzen. In einer halben Stunde tauscht ihr."

„Ich seh auf die Uhr", sagt Luca.

Sie haben gerade ihr Gepäck verstaut, als der Zug losfährt. Langsam rollt er aus dem Bahnhof. Dann wird er schneller und schneller.

Luca staunt: „Wir überholen alle Autos auf der Straße."
„In Nürnberg steigen wir schon wieder aus", sagt Mama. „Also in einer guten Stunde."
„Warum denn?", fragt Lucy. Papa sagt: „Weil es da zwei Überraschungen für euch gibt." Das wussten die Kinder noch gar nicht. Aber das ist logisch, denn wenn sie es wüssten, wäre es keine Überraschung mehr.
Viel Grün sehen sie und immer wieder Felder. Vorbei geht es an kleinen Städten, Dörfern und Straßen voller Autos. Nahverkehrszüge kommen entgegen. Mama sagt: „Die halten an jeder Laterne." Das stimmt nicht ganz, aber sie halten wirklich auch an kleinsten Bahnhöfen. Eilzüge fahren vorüber. Die lassen Menschen an den größeren Bahnhöfen ein- und aussteigen. ICs sind unterwegs und ICEs wie der, in dem sie sitzen.
Luca zeigt zu Papa. Jetzt sehen es auch Lucy und ihre Mutter: Papas Augen sind geschlossen. „Das ist immer so, wenn er im Zug sitzt", flüstert Mama. „Das geht ratzfatz. Hinsetzen, Augen zu und eingeschlafen."
„Stimmt nicht", murmelt Papa. „Ich schlafe nicht. Ich döse nur ... und das ist schön." Luca guckt auf seine Uhr. Er möchte wissen, wann er sich auf den Fensterplatz setzen kann. In einer halben Stunde hatten sie abgemacht, und die ist noch nicht vorbei. Ein Mädchen läuft an ihnen vorüber, ungefähr so alt wie Lucy und mit schwarzen Haaren. Weg ist sie! Schade, denkt Lucy, vielleicht hätte ich mit ihr spielen können. Das Mädchen denkt wohl etwas Ähnliches. Sie kehrt um und sagt: „Hallo. Wie heißt du?" Sie zeigt auf Lucy. Die antwortet: „Lucy", und das Mädchen sagt: „Ich heiße Mara. Wollen wir was spielen?"
„Klar", antwortet Lucy. Zu ihrem Bruder sagt sie: „Kannst meinen Platz haben." Nun sitzt er am Fenster und Lucy steht neben Mara. Lucy meint: „Wir passen bestimmt zu zweit auf den Sitz." Und es funktioniert. Lucy schlägt vor: „Wir spielen ‚Ich sehe was, was du nicht siehst'." Mara ist einverstanden und Lucy will anfangen.

In dem Augenblick öffnet Papa seine Augen und staunt: „Oh, wir haben Besuch." Dann sind seine Augen wieder zu.

„Ich sehe was, was du nicht siehst, und das ist blau", sagt Lucy.

Mara guckt nach draußen und rät: „Der Himmel."

„Nee", meint Lucy. Mara fragt: „Ist es hellblau oder dunkelblau?"

Lucy antwortet: „Dunkelblau."

„Die Hose von deinem Papa", rät Mara und Lucy sagt: „Stimmt."

Schläfrig fragt Papa: „Was ist mit meiner Hose?" Lucy antwortet: „Nichts, wir spielen nur."

Plötzlich steht eine Frau neben Mara und sagt: „Ich hoffe, es stört sie nicht, dass meine Tochter Sie überfallen hat."

„Nein", entgegnet Mama freundlich, „das ist ein netter Überfall."

„Wir sitzen zwei Reihen vor Ihnen", sagt die Frau lächelnd und geht zurück zu ihrem Sitzplatz.

Lucy erzählt, dass sie erstmal nur bis Nürnberg fahren, und dort werden sie bald ankommen. Mara findet das schade, weil sie so schön spielen. „Wir fahren nach Hannover", sagt sie.

Der Fahrkartenkontrolleur kommt und verlangt: „Die Fahrkarten bitte."

Mama gibt sie ihm und Mara sagt zum Kontrolleur: „Meine Mutter sitzt zwei Reihen weiter vorne. Sie hat die Fahrkarten." Der Mann wünscht: „Gute Fahrt" und geht weiter.

Eine Frau schiebt einen kleinen Wagen den Gang entlang. Sie bietet an: „Getränke, Eis ..." Eigentlich will sie weiterreden, aber da meint Luca: „Ein Eis ... das wäre gut." Lucy nickt und Mama fragt Mara: „Möchtest du auch eins?"

„Gerne", antwortet die. Jeder sucht sich ein Eis aus und sie schlecken genüsslich.

Ein super Eisenbahntag

Mara und Lucy spielen wieder ‚Ich sehe was, was du nicht siehst'.
Mama und Luca spielen mit. Dann öffnet der schläfrige Papa seine Augen und macht auch mit. Sie spielen, lachen und erzählen.
Mara erzählt, dass sie ihre Oma in München besucht haben und jetzt nach Hause fahren.

„Wo wohnt ihr?", fragt Lucy. Mara antwortet: „Den Ort kennt ihr bestimmt nicht. Es ist ein kleiner Ort in der Nähe von Uelzen. Suhlendorf heißt er."
„Das gibt's nicht", staunt Mama. „Morgen fahren wir von Nürnberg nach Uelzen. Dort wohnt mein Bruder mit seiner Familie. Ratet mal, wo seine Frau aufgewachsen ist!"
„Wenn du so fragst", antwortet Mara, „bestimmt in Suhlendorf." Mama nickt. Papa steht auf und guckt auf ein Display am Ende des Wagens.

„228 Stundenkilometer fahren wir", berichtet er. „Das Tempo merkt man gar nicht." Lucy und Luca, ihre Eltern und Mara sitzen gemütlich zusammen, fast wie im Wohnzimmer, und düsen durch die Landschaft. Vorbei geht es an Wiesen, Bäumen, Sträuchern und Feldern, Bächen, Flüssen und Seen.

Immer wieder sehen sie kleine Dörfer mit hohen Kirchtürmen. Radfahrer sind unterwegs und dazwischen mal ein Fußgänger, meistens mit Hund. Und der Himmel strahlt blau mit weißen Wolkentupfen.

Sie fahren an einer Kuhherde vorbei, und auf der Koppel daneben stehen Pferde. Mara sagt: „Oh ... ein Pferd hätte ich gerne." Von Lucy kommt prompt: „Ich auch."

Luca meint: „Ich nicht." Die Eltern haben den Pferdewunsch schon oft gehört und Mama sagt zu Lucy: „Du kannst dir ja bei uns zu Hause mal wieder ein Pferd ausleihen."

Gleich kommen sie in Nürnberg an. Lucy würde gern noch länger mit Mara zusammensitzen. Die denkt wohl etwas Ähnliches, denn sie sagt: „Wenn ihr in Uelzen seid, müsst ihr uns in Suhlendorf besuchen." Lucy speichert schnell Maras Adresse auf ihrem Handy.

Papa sagt: „In der Nähe des Bahnhofs in Nürnberg steht auf einem Haus ganz groß: Karl-Bröger-Haus. Dieser Karl Bröger ist der Opa meines Freundes und war Schriftsteller wie mein Freund."

„Da ist das Haus!", ruft Luca, schon sind sie daran vorbeigefahren.

Kurz darauf hält der Zug im Nürnberger Hauptbahnhof. Die Langes verabschieden sich von Mara und ihrer Mutter. Die beiden winken ihnen nach und die Familie winkt vom Bahnsteig aus zurück. Schon schließen sich die Türen und der Zug fährt ab.

„Wir übernachten im Hotel ‚Drei Raben'", sagt Papa. „Wir sind mit der Besitzerin befreundet."

„Ist das die Überraschung?", fragt Luca. Mama antwortet: „Ein Teil davon. Das Hotel ist was ganz Besonderes. In jedem Zimmer erfährt man etwas über die Nürnberger Geschichte. Und später im Hotel gibt's dann die zweite Überraschung."

Vom Bahnhof sind es zum Hotel nur ein paar Minuten, und die wollen sie zu Fuß gehen. An einem Laden steht: Nürnberger Rostbratwürste. „Die sind hier eine Spezialität", sagt Mama. „Sie sind nicht viel größer und dicker als mein Mittelfinger. Mein Rekord waren mal sechs Stück mit Senf in einem Brötchen. Lecker!"

Sie gehen ein Stück durch die Altstadt. Im Hotel ‚Drei Raben' werden sie von einer freundlichen Frau begrüßt, die zu den Kindern sagt: „Ich bin Daniela. Und ihr seid Lucy und Luca. Ich habe schon viel von euch gehört." Dann umarmt sie die Eltern und hilft der Familie, das Gepäck in die Zimmer zu bringen.

Daniela schließt den Kindern das Zimmer mit der Nummer 24 auf. Die Eltern wohnen nebenan. Groß ist das Zimmer der Kinder und gemütlich. Daniela zeigt ihnen ein Bild auf der Tapete. Sie sehen eine alte Dampflokomotive, die einige Wagen zieht. Lucy liest vor, was unter dem Bild steht: „Am 7. Dezember 1835 bewegten sich fünf Wagen vor den Augen jubelnder Menschen in scheinbar rasender Geschwindigkeit vom Nürnberger Plärrer nach Fürth. Es ist der ‚Adler', Deutschlands erste Eisenbahn."

Mama sagt: „Na ja ... rasende Geschwindigkeit ... das waren ungefähr dreißig Kilometer in der Stunde. Aber die Menschen damals hatten so ein Tempo noch nie erlebt."

„Was ist das?", fragt Luca und zeigt auf einen großen schwarzen Metallklotz vor dem Bett. „Das ist ein Puffer", antwortet Daniela, „der federte Stöße ab, die beim Zusammenstellen und Rangieren von Zügen entstehen. Man könnte auch Stoßdämpfer dazu sagen. Wir fanden, der passt prima ins Eisenbahnzimmer." Lucy fällt ein, dass der Puffer ein toller Platz für ihren

Kuschelbären wäre. Gleich darauf sitzt der kleine Bär
da oben und schaut zufrieden ins Zimmer.
Die Familie packt ihre Sachen aus und geht nach unten
in die Lounge.
Der lange Raum hat eine Bar auf der einen Seite und
Tische und Stühle auf der anderen. Daniela bringt
sie zu einem Tisch und sagt: „Setzt euch bitte mal.
Da gibt's was zu entdecken." In die Oberfläche des
Tisches wurde eine Glasplatte montiert. Unter der
Glasplatte steht eine Eisenbahn auf Schienen. Wieder
ist es der berühmte ‚Adler', und zwar in Spielzeuggröße.
Daniela erklärt: „Es ist die genaue Nachbildung mit allen
Wagen. Die Lokomotive wurde übrigens von einem
englischen Ingenieur und Lokomotivführer gefahren,
William Wilson hieß der. Nürnberg hat ihm so gefallen,
dass er für immer hierblieb."
Später geht die Familie in der Altstadt spazieren und kommt zum Hauptmarkt. Auf dem riesigen Platz sind viele Touristen.
Mama erzählt: „In der Weihnachtszeit steht hier alles voller Buden und
Stände. Dann ist das hier nämlich der bekannteste Weihnachtsmarkt in
Deutschland, der Christkindlesmarkt. Die Menschen kommen von überall
her und schieben sich durch die Gassen zwischen den Ständen. Hier kann
man dann alles kaufen, was man für Weihnachten braucht."
Als sie wieder im Hotel ankommen, steht da die zweite Überraschung für
Lucy und Luca. Ein Mann mit Gitarre. „Ich bin der Gerd", stellt er sich vor,
„ein Freund von eurem Papa."
„Du heißt nicht Gerd", verbessert Lucy ihn. „Ich kenn dich. Wir haben tolle
CDs von dir. Du bist der Geraldino und bist Musiker. Mama und Papa haben
erzählt, dass du mit deiner Band schon in vielen Ländern gespielt hast und

im Fernsehen habe ich dich auch schon gesehen. ‚Geraldino', das klingt viel schöner als Gerd." Mama sagt: „Das ist sein Künstlername."
Er spielt für sie sein Eisenbahnlied ‚Eisenbahnfahren'.
Alle sind begeistert. Mama sagt: „Dein Lied klingt wirklich, als würde man mit einer alten Eisenbahn fahren."

„Heute ist ein super Eisenbahntag", sagt Luca. „Erst fahren wir mit der Eisenbahn, dann wohnen wir hier im Hotel im Eisenbahnzimmer. Jetzt sitzen wir am Dampfloktisch und Geraldino singt ‚Eisenbahnfahren'. Das Lied war toll. Kannst du es noch mal singen?"

„Klar, mach ich gern", antwortet Geraldino. Dann fällt ihm ein: „Wenn ihr wieder mal in Nürnberg seid, können wir ins Eisenbahnmuseum gehen. Da gibt's das Kinderbahnland, das Kibala genannt wird. Kinder und Erwachsene können sich da als Eisenbahner verkleiden und mit einem Minizug durch Tunnel und über Brücken fahren. Hättet ihr Lust dazu?" Wie aus einem Mund rufen Lucy und Luca: **„Na klar!"**

Weiter geht's

Sie sitzen im ICE auf ihren Plätzen im Großraumwagen. Mama liest ein Buch. Papas Augen sind wieder geschlossen und er döst. Die Kinder überlegen, ob sie miteinander spielen wollen, lesen oder einfach rausgucken. Sie fahren durch hügelige Landschaften, vorbei an Feldern. Durch das Blau des Himmels ziehen weiße Wolken.
„Guckt mal", sagt Lucy, „die Wolke da hinten sieht aus wie ein riesiger weißer Bär." Jetzt öffnet Papa die Augen und sagt: „Da, der Kopf, die Tatzen ... ein Himmelbär."
Die Kinder stecken ihre Köpfe zusammen. Aus irgendeinem Grund kichert Luca. Dann machen sie es wie ihr Papa. Sie kuscheln sich in die Sitze und dösen. Im Halbschlaf hört Luca seine Mutter: „Oh, hier gibt's Weinberge." Luca murmelt: „Wein! Igitt! Ich ess die Trauben lieber so." Irgendwann sagt eine Stimme, dass sie bald in Würzburg sein werden. Weiter geht's, vorbei an Fulda und Kassel.
Im Bahnhof Göttingen wachen Lucy und Luca kurz auf, weil der Zug hält. Dann fährt er weiter und die Kinder schlafen wieder. Plötzlich murmelt Lucy: „Himmelbär!" Als Nächstes flüstert sie: „Himbär. Blaubär. Erdbär." Und sie schläft weiter. Papa meint leise zu Mama: „Guck mal, Katta, unsere Lucy ist sogar im Schlaf albern." Dazu sagt Mama: „Das hat sie garantiert von dir."
Kurz vor Hannover stupst Papa die Kinder an und sagt: „He, ihr Schlafmützen! Wir müssen gleich umsteigen." Zu Lucy sagt er: „Vor dem Bahnhof steht ein Pferd, das wir dir unbedingt zeigen wollen." Noch etwas verschlafen fragt Lucy: „Ein Pferd ... krieg ich das?"
„Nein", antworten Mama und Papa gleichzeitig. Die Familie steigt aus. Luca meint: „Schade, dass wir so lange geschlafen haben."
Dazu sagt Mama: „Ihr wart müde. Kein Wunder, denn gestern in Nürnberg seid ihr lange aufgeblieben." Papa grinst und sagt: „Ihr habt es geschafft,

den Rest Bayerns zu verschlafen, ein Stück von Hessen und einen Teil Niedersachsens. Eine starke Leistung! Das hab nicht mal ich geschafft."

Im Hauptbahnhof Hannover bringt sie ein Aufzug von ihrem Bahnsteig ins Erdgeschoss. Dort gehen sie durch die Bahnhofshalle mit ihren vielen Läden. Lucy fragt: „Wo ist das Pferd?" Papa antwortet: „Gleich siehst du's."

Papa schnappt sich einen Gepäckwagen für ihren Koffer, den Trolley und den Rucksack. Dann geht's zum Ausgang.

Und da – vor dem Bahnhof – steht das Pferd. Riesengroß und auf einem Steinsockel. Lucy stöhnt enttäuscht: „Das lebt ja gar nicht! Es ist aus Metall und da sitzt einer drauf."

Mama erzählt: „Der Mann auf dem Pferd heißt König Ernst-August. Die Menschen hier verabreden sich gerne an diesem Reiterstandbild. Sie sagen: ‚Wir treffen uns unterm Schwanz.' Und sie meinen damit den Pferdeschweif."

Bis der Zug nach Uelzen abfährt, dauert es noch etwas. Deswegen haben sie Zeit, sich die Passerelle unterm Bahnhof anzusehen, eine lange und breite Gasse mit vielen Geschäften. Hier unten trinken alle vier frisch gepressten Fruchtsaft. Lecker! Dann geht's wieder nach oben zu ihrem Zug, der schon wartet. Luca wundert sich: „Der sieht anders aus als die Züge, mit denen wir bisher gefahren sind."

„Stimmt", meint Papa. „Die Farben sind anders und auch die Lok und die Wagen. Wir fahren mit einer privaten Eisenbahn weiter, dem ‚metronom'."

Im Zug sitzt die Familie bequem zusammen. Sie fahren aus Hannover raus durch flache Landschaften. Der Schaffner kontrolliert die Fahrkarten. Mama fragt ihn: „Wie lange gibt es den metronom schon?" Der Mann antwortet: „Der erste metronom ist 2003 von Uelzen nach Hamburg gefahren. Damit war metronom eine der ersten privaten Eisenbahnen überhaupt, die auf einer Hauptstrecke fahren durften. Seitdem sind alle metronom-Züge zusammen mehr als 70 Millionen Kilometer gefahren. Das ist so, als wenn man 1750 Mal um die Erde fährt."

Die Familie freut sich jetzt sehr auf Kattas Bruder Florian, seine Frau Paula und deren Sohn Tim.

Bahnhof Uelzen! Der metronom bremst und sie steigen aus. Florian und Paula stehen auf dem Bahnsteig, dann sprinten sie los und alle umarmen sich. Katta freut sich: „Endlich sehen wir uns mal wieder." Jetzt fällt ihr auf: „Wo ist Tim?" Florian antwortet: „Er hat ein wichtiges Fußballspiel mit seiner Mannschaft in Lüneburg. Am späten Nachmittag kommt er zurück."

Luca staunt über den Uelzener Bahnhof: „Mensch, sieht der toll aus. Viel bunter und schöner als die anderen Bahnhöfe, richtig ..." Er überlegt, wie er das sagen könnte, dann fällt ihm ein: „Richtig freundlich sieht er aus."

Mama erzählt: „Für mich ist das der ungewöhnlichste und fantasievollste

Bahnhof, den ich kenne. Jedes Mal, wenn ich hier bin, entdecke ich etwas Neues, das mir gefällt, und dann finde ich ihn noch bunter und lebendiger." Sie gehen durch den Bahnhof. Florian erzählt: „Der alte Uelzener Bahnhof sah wirklich mies aus. Man kam hier an, sah den Bahnhof und dachte: Schnell weg! Jetzt kommen viele Menschen extra wegen unseres tollen Bahnhofs nach Uelzen."

„Den Bahnhof hat man gebaut, weil Uelzen zur Region Hannover gehört", sagt Paula. „Dort gab es im Jahr 2000 eine riesige Messe, die Expo. Für die Expo wurde viel Neues gebaut und dazu gehört auch unser Hundertwasser-Bahnhof mit seinem begrünten Dach."

„Hundertwasser-Bahnhof ... das ist ein komischer Name", meint Luca. Paula erklärt: „Den Bahnhof hat sich Friedensreich Hundertwasser ausgedacht, er war auch der Architekt. Friedensreich Hundertwasser war sein Künstlername, eigentlich hieß er Friedrich Stowasser. Er war ein berühmter Maler, Architekt und Naturschützer."

Auf dem Parkplatz wartet das Auto der Uelzener Familie. Ein schöner, alter VW-Bus. „Unser praktischer Bulli, in den wir alle passen", sagt Paula. Dann schlägt sie vor: „Wir machen einen kleinen Umweg, bevor wir zu uns fahren. Wir möchten euch noch etwas zeigen."

Nach ein paar Minuten fährt Paula langsamer und Florian deutet auf einige Hallen, zu denen Bahngleise führen. Er erzählt: „Auch Züge müssen mal in die Werkstatt. Das hier ist eine, nämlich das OHE-Bahnbetriebswerk. OHE ist die Abkürzung für Osthannoversche Eisenbahnen AG.

In die Hallen werden Züge gefahren, wenn sie repariert werden müssen oder wenn man nachsehen will, ob alles in Ordnung ist. Die Züge können hier auf Ständern stehen und die Mitarbeiter arbeiten dann unter den Zügen. In den Waschstraßen des Bahnbetriebswerkes werden die Züge außerdem innen und außen gereinigt."

Weiter brummt der Bulli zum Haus der Familie. Paula sagt: „Ihr wisst ja, wir haben ein Gästezimmer. Lucy und Luca können aber auch mit in Tims Zimmer übernachten, der fände das cool. Und wenn Tim vom Fußballturnier kommt, möchten wir gern auf der Terrasse sitzen und grillen. Ist das in Ordnung?"
Alle sind einverstanden. Lucy fällt ein: „Ich sollte Mara anrufen. Vielleicht kann ich sie in Suhlendorf besuchen." Ihr Papa meint: „Ich glaube, das wird zeitlich knapp." Paula fragt, wer Mara ist, und Lucy erzählt von ihr. Florian schlägt vor: „Wir haben genug zum Grillen. Mara und ihre Eltern können gern kommen." Lucy ruft Mara an und die freut sich riesig darüber. Ihre Eltern können nicht mitgrillen, sie haben schon etwas anderes vor. Aber sie wollen Mara bringen und später abholen. Den Vorschlag findet Lucy super.
Als Tim vom Fußballspiel nach Hause kommt, fangen sie mit dem Grillen an. Dabei erzählt Tim vom Spiel: „Bis kurz vor Schluss lagen wir 2:1 vorne. Dann haben die Lüneburger ein richtig doofes Tor geschossen. Ihr Mittelstürmer knallte den Ball gegen den Torpfosten. Der Ball prallte vom Pfosten gegen den Rücken unseres Torwarts und von dort ins Tor. Jetzt stand es unentschieden und so blieb es auch. Mensch, war das blöd!"

Es klingelt an der Haustür. Mara kommt! Nachdem sie sich begrüßt haben, setzen sich alle um den Tisch auf der Terrasse. Natürlich wird erst einmal erzählt. Paula und Florian legen Würstchen, Fisch, Fleisch und Gemüse auf den Grill und allen schmeckt es.

Dann wollen Maras Eltern ihre Tochter abholen. Florian bittet: „Mara hat noch nicht aufgegessen. Setzen Sie sich doch zu uns, ich grille gern noch etwas." Nach dieser freundlichen Einladung bleiben die Eltern wirklich. „Aber nur kurz", meint Maras Vater.

Aus diesem ‚nur kurz' werden dann aber mehr als zwei Stunden.

Lucy findet was

Am nächsten Morgen gibt es im Wohnzimmer ein richtig tolles und gemütliches Verwöhn-Frühstück mit heißen Waffeln, Kakao und allem, was gut schmeckt. Während sie zusammensitzen, fängt es an zu regnen. Und wie! Florian schlägt vor: „Bei dem Wetter müsst ihr nicht an unserem schönen Bahnhof stehen. Ich fahre euch zum Bahnhof nach Hannover. Dort steigt ihr sowieso in den IC nach Emden um."

Nach dem Frühstück düsen sie mit dem Familien-Bulli durch den Regen zum Hauptbahnhof Hannover. Dort verabschieden sie sich und rennen mit ihrem Gepäck vom Parkplatz in den Bahnhof. In seiner riesigen Halle ist es wunderbar trocken. Sie schütteln die Regentropfen ab und kurz darauf sitzen sie auf ihren reservierten Plätzen im IC nach Emden. Mama sagt: „Mit dem Zug fahren wir etwa drei Stunden. In Emden steigen wir um und sind ein paar Minuten später in Emden-Außenhafen. Von dort bringt uns ein Schiff zur Insel Borkum." Papa wünscht sich: „Der Regen soll aufhören! Wir wollen tolles Sonnenferienwetter haben!"

Sie sind etwa zwanzig Minuten unter grauen, fast schwarzen Wolken durch den Regen gefahren, als Lucy sagt: „Ich muss mal aufs Klo."
„Das ist am Ende des Ganges", erklärt Mama. „Soll ich mitkommen?"
Lucy antwortet: „Nee, ich bin doch kein Baby." Luca fällt ein, dass er auch mal muss, also gehen die beiden zusammen. Papa sagt noch: „Ihr wisst ja, wenn über der Toilette ein rotes Licht leuchtet, ist sie besetzt. Grün heißt: Sie ist frei."
Schon die erste Toilette ist frei. Lucy geht rein. Als sie rauskommt, staunt Luca. Seine Schwester hält einen Geldbeutel in der Hand und sagt: „Der lag auf dem Boden und da ist ziemlich viel Geld drin."

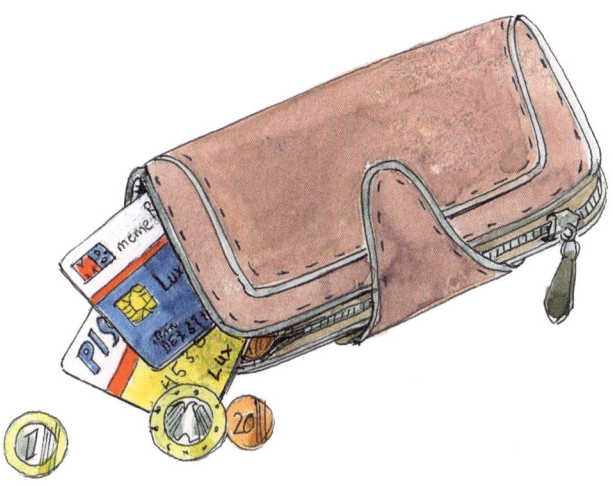

„Wie viel denn?", fragt Luca. Seine Schwester antwortet: „Bestimmt über dreihundert Euro und irgendwelche Bankkarten zum Einkaufen."
Sie laufen zu den Eltern und zeigen Lucys Fund. Im Geldbeutel sieht Mama den Personalausweis der Besitzerin. „Barbara Lux", liest sie vor. „Die wird ihren Geldbeutel vermissen", sagt sie. „Ihr müsst ihn schnell zurückgeben."
Am Ende ihres Wagens begegnen sie einem Schaffner. Lucy erzählt ihm,

was sie gefunden hat. Der Mann guckt sich den Ausweis an: „Ich sage gleich durch, dass sich Frau Lux bei uns im Dienstabteil melden soll. Du kannst gerne mitkommen. Die Frau will sich bestimmt bei dir bedanken."
Die Eltern sind einverstanden und Luca fragt: „Kann ich auch mitkommen?" Der Schaffner antwortet: „Na klar." Zu den Eltern sagt er. „Mein Abteil ist im nächsten Wagen." Dort spricht der Schaffner ins Mikrofon: „Frau Barbara Lux. Bitte kommen Sie ins Dienstabteil im Wagen 12. Wir haben eine Nachricht für Sie."
Der Schaffner fragt die Kinder, wohin sie fahren. Und die Kinder wollen von ihm wissen, wie lange er schon bei der Bahn arbeitet. „Seit über zwanzig Jahren", antwortet er. Als er mehr erzählen möchte, kommt eine Frau ins Dienstabteil und sagt: „Ich soll mich bei Ihnen melden. Mein Name ist Barbara Lux."
Der Schaffner vergleicht das Foto im Ausweis mit dem Gesicht der Frau und erkennt, sie ist wirklich Frau Lux. Dann sagt er, dass Lucy ihren Geldbeutel gefunden hat. „Wo lag er?", will sie wissen.
„Unter dem Waschbecken im Toilettenraum."
„Danke, dass du ihn abgegeben hast", sagt Frau Lux. Dann fragt sie die Kinder, wo sie aussteigen. „In Emden", antwortet Luca. Frau Lux sagt: „Ich überlege, wie ich mich bei euch bedanken könnte. Hättet ihr Lust, mit mir ins Bordbistro zu gehen? Ich lade euch ein."
„Au ja", freut sich Lucy. Luca fällt ein: „Wir müssen aber unseren Eltern vorher Bescheid sagen."
Alle drei verabschieden sich von dem freundlichen Schaffner und gehen zu den Eltern. Frau Lux erzählt, was sie vorhaben, und lädt auch sie ein. Die Eltern bedanken sich, Papa sagt: „Ich erwarte einen Anruf." Und Mama möchte ihr Buch weiterlesen.

Bevor sie ins Bordbistro gehen, will Frau Lux noch zu ihrem Platz. Die Kinder denken, ihr Mann wartet dort auf sie, aber nein ... ihr Hund wartet auf sie. „Das ist Jess", sagt sie, „meine Border-Collie-Hündin. Sie begleitet mich überallhin. Leider muss Jess im Zug angeleint sein und einen Maulkorb tragen." „Darf ich Jess streicheln?", fragt Lucy. Gleich darauf knien die Kinder neben der Hündin. Frau Lux hat ihr Maulkorb und Leine kurz abgenommen.
Jess sitzt aufmerksam da, lässt sich streicheln und legt sich hin. Frau Lux beugt sich vor und spricht zu ihrem Hund. Den Kindern erzählt sie: „Ich rede oft mit Jess und denke, sie versteht so ungefähr, was ich meine." Die Frau auf dem Nebensitz nickt. Frau Lux stellt sie vor: „Das ist meine Freundin Petra."

Petra und Jess bleiben in ihrem Abteil. Frau Lux und die Kinder finden im Bordbistro Plätze. Auf der Speisekarte entdeckt Lucy die Schokotorte. „Oh", schwärmt Lucy, „die ess ich gerne." Sofort meint Luca: „Ich auch! Dürfen wir die bestellen?"

„Natürlich", meint Frau Lux, „ich nehme das Gleiche und dazu Kakao. Mögt ihr den auch?" Die Kinder nicken. Die Torte und der Kakao schmecken prima. Die Kinder erzählen, woher sie kommen und wohin sie fahren. Frau Lux berichtet, dass sie in Emden lebt und gern mit der Bahn fährt. „Ich finde es bequem, und umweltfreundlich ist es auch. Ich kann mich unterhalten, lerne nette Menschen kennen, lese unterwegs oder sehe einen Film."

„Vor Ihrem Sitz im Abteil gibt's einen Bildschirm", ist Lucy aufgefallen. Frau Lux sagt: „Auf dem kann ich mir einen Film ansehen."

Lucy sagt, dass sie noch nie eine weitere Zugreise gemacht haben als die von Puchheim nach Borkum. Luca fragt: „Was war Ihre weiteste Reise mit der Bahn?" Frau Lux antwortet: „Sagt bitte ‚du' zu mir. Ich heiße Barbara. Meine längste Zugreise? Das waren die über 9000 Kilometer mit der Transsibirischen Eisenbahn, kurz Transsib genannt. Ich habe Freunde in Moskau besucht. Zu dritt sind wir vom schönen Jaroslawler Bahnhof losgefahren. Im Zug gab es gleich Chai. So nennt man den Tee in Russland."

„Moskau ist die Hauptstadt von Russland", fällt Lucy ein. „Genau", meint Barbara. „Die Stadt liegt im Westen Russlands. Die Reise geht bis nach Wladiwostok im Osten. Nach ungefähr 24 Stunden hatten wir die Stadt Perm erreicht, die am Ural-Gebirge liegt. Bis dahin waren wir noch in Europa, dahinter beginnt Asien. Dort sind wir durch die Taiga mit ihren riesigen Nadelwäldern gefahren. Immer weiter und weiter durch Sibirien."

„Da ist es eiskalt", meint Lucy. Barbara sagt: „Meine Freunde haben erzählt, dass die Flüsse dort über ein halbes Jahr zugefroren sind. Sehr gut zum Schlittschuhlaufen. Aber im Sommer kann es auch mal heiß werden. Im

Nordosten Sibiriens gibt es die Bahnstation Oimjakon. Dort hat man den Kälterekord in bewohntem Gebiet gemessen, nämlich minus 77,8 Grad Celsius. Bevor wir nach ungefähr 9000 Kilometern in Wladiwostok ankamen, hielten wir in Chabarowsk. In den Wäldern dort lebt der seltene Amur-Tiger. Und im sibirischen Frostboden wurden ganze Mammuts gefunden, die schon seit 10.000 Jahren ausgestorben sind.

Unsere Fahrt mit der Transsib hat sechs Tage gedauert, und keine Stunde war langweilig."

Einen Augenblick ist es ruhig, dann fragt Luca: „Hast du noch andere tolle Bahnreisen gemacht?"

„Ja, aber keine ähnlich lange. Auch in Deutschland gibt es schöne Strecken, zum Beispiel am Rhein entlang. Und ich möchte mal mit dem Glacier-Express in der Schweiz fahren. Man nennt den Zug auch den langsamsten Schnellzug der Welt. Der fährt in den Bergen über viele Brücken, hohe Pässe und durch viele Tunnel. Und ich bin schon mal mit einem sehr schnellen Schnellzug gefahren. Das war der TGV, der fährt durch ganz Frankreich."

„Unsere Eltern sind manchmal mit dem Schlafwagen gefahren. Hast du das auch schon gemacht?", fragt Luca. Barbara antwortet: „Ja, und zwar meistens zu Freunden nach Zürich. Das ist sehr bequem. Ich steige am späten Abend ein und schlafe im Zug. Am nächsten Morgen komme ich in Zürich an. Sehr praktisch."

Die Eltern kommen ins Bordbistro. Nun sitzen sie zu fünft am Tisch und erzählen. Luca will von Barbara wissen: „Braucht Jess eine Fahrkarte?"

„Wer ist Jess?", fragt Papa. „Meine Hündin", antwortet Barbara. „Ja, sie braucht eine, und zwar eine für Kinder."

Luca fällt ein: „Ich war ja vorhin gar nicht auf dem Klo. Jetzt muss ich aber unbedingt!"

„Warte", sagt Barbara, „ich habe noch etwas für euch." Dann gibt sie jedem Kind 20 Euro. „Das ist euer Finderlohn."

Zur Insel

Sie sitzen zusammen und reden darüber, was sie in den nächsten Tagen unternehmen wollen. Plötzlich bemerkt Papa: „Guckt mal, der Regen wird weniger." Jetzt wird durchgesagt, dass sie gleich in Emden ankommen. Sie müssen umsteigen.

„Ich bin bald zu Hause", freut sich Barbara. Sie bezahlt und dann verabschieden sie sich. Der Zug fährt langsamer. Gleich darauf steigen sie aus und winken Barbara zu, die mit Freundin, Hund und Gepäck auf dem Bahnsteig steht.

Papas Wunsch wurde erfüllt: Die Sonne scheint. Sie haben richtiges Ferienwetter. Mama hat herausgefunden, wo ihr Zug steht, mit dem sie weiterfahren. „Zum Bahnsteig da drüben müssen wir", sagt sie.

Viele Urlauber steigen in den Zug. Die Fahrt zur Station Emden-Außenhafen dauert nur ein paar Minuten. Und jetzt sehen sie endlich das Meer.

Die Nordsee.

Ihr Schiff liegt groß und weiß im Hafen, die MS Ostfriesland. Mama meint: „Der Name passt. Wir sind in Ostfriesland und MS heißt Motorschiff." Papa grinst und sagt: „Gut, dass es einen Motor hat. Sonst müssten wir nach Borkum rudern und das wären etwa dreißig Kilometer, denn die Hochseeinsel Borkum liegt ziemlich weit im Meer."

Viele Fahrgäste gehen an Bord. Es tutet und die MS Ostfriesland schippert langsam aus dem Hafen. Die Häuser an der Küste werden kleiner und kleiner und das Meer glitzert in der Sonne. Mama freut sich: „In ungefähr zwei Stunden kommen wir auf Borkum an. Dann beginnen unsere Ferien." Papa meint: „Die Zugfahrt, die Besuche in Nürnberg und Uelzen waren eigentlich auch schon Ferien."

Immer wieder sehen sie Boote und Schiffe, die auf der Nordsee unterwegs sind. Ein riesiges Containerschiff zieht am Horizont vorbei. Luca sagt:

„Wir sind schon mal mit einem kleinen Schiff über einen See gefahren. Aber wir waren noch nie auf einem so großen Schiff. Das ist super."
„Wenn es stürmt, gibt's hier drei oder vier Meter hohe Wellen", erzählt Papa. „Bei solchem Wellengang schaukeln die Schiffe ziemlich, manche Leute werden davon seekrank. Heute ist es aber fast windstill und die Wellen sind klein."

Auf dem Sonnendeck finden sie einen schönen Platz und gucken aufs Meer. Um sie herum spielen Kinder Fangen, Lucy und Luca machen gleich mit. Später erkundet die Familie das Schiff genauer und kommt in den Wattenmeer-Salon. Hier gibt es eine Menge Informationen zum Wattenmeer an der Nordseeküste und den Friesischen Inseln. Lucy und Luca erfahren zum Beispiel, dass Watt der Name für den mit Sand und Schlick bedeckten Meeresboden ist. Kommt die Flut, wird der Boden vom Wattenmeer überspült. Bei Ebbe zieht sich das Wasser zurück und das Watt ist teilweise so trocken, dass man dort spazieren gehen kann.

Im Wattenmeer-Salon sehen sie Tiere, die es auch im Watt ihrer Ferieninsel gibt: Muscheln, Krebse, Schnecken und Würmer. Und sie erfahren, wie wichtig die für das Wattenmeer sind. Auch über See- und Strandvögel kann man sich hier informieren. Dazu gehören natürlich die Möwen, die Lucy und Luca schon auf dem Sonnendeck gesehen haben. Sie umkreisen das Schiff und warteten darauf, dass ihnen jemand etwas Fressbares zuwarf.
Nach dem Besuch im Wattenmeer-Salon erkunden sie das Schiff weiter.
Lucy sagt: „Ich habe Hunger. Könnten wir uns was zu essen besorgen?"
Mama entdeckt Fischbrötchen an einem Tresen und
sagt: „Die sind hier im Norden eine Spezialität."
Sie kaufen Matjesbrötchen. Die schmecken
den Erwachsenen und Luca, aber Lucy
fragt mit säuerlichem Gesicht: „Muss ich
die hier öfter essen?" Mama lacht und
antwortet: „Nein, das musst du nicht, wenn
sie dir nicht schmecken. Hol dir was anderes.
Wir teilen uns dein Fischbrötchen."
Und so machen sie es.

Seestern

Wattkrebs

Plötzlich sagt Papa aufgeregt: „Da vorne ... ich glaube, das ist Borkum!" Und wirklich. Ihre Urlaubsinsel liegt vor ihnen. Noch etwas undeutlich, aber die ersten Häuser erkennen sie schon.

Als sie von Bord gehen, dreht sich Lucy um und sagt: „Tschüs, Schiff! Die Fahrt war toll." Sie überlegt kurz und meint dann: „Schiff fahren ist fast so schön wie Reiten." Dazu stöhnt Luca: „Du immer mit deinem Reiten!" Lucy fällt ein: „Vielleicht kann ich das hier auf der Insel auch mal." Papa sagt: „Ich hab im Internet nachgesehen, das Reiten klappt bestimmt. Und Fahrräder sollten wir uns leihen."

Mama schlägt vor: „Einen Strandkorb mieten wir uns auch. In dem sitzen wir am Meer in der Sonne und lesen, spielen, und wenn's uns zu warm wird, rennen wir zum Wasser

Strandschnecke

und schwimmen. Bestimmt sind da auch andere Kinder, mit denen ihr was unternehmen könnt." Luca überlegt: „Ich bin gespannt, wie das Schwimmen im Salzwasser und in den Wellen ist."

Sie sind am Bahnhof Borkum-Reede angekommen. Von hier fährt eine Kleinbahn zum Ort Borkum und zu ihrer Ferienwohnung. Da kommt sie schon. Lucy schwärmt: „Ist die niedlich."

Der Zug heißt nicht nur Kleinbahn. Es ist auch die kleinste Bahn, mit der sie bisher gefahren sind. Mama sagt: „Ich habe gelesen, dass der Zug vorne eine Lok hat, mit der die Wagen gezogen werden. Hinten hängt eine zweite Lok dran, die mitläuft. Vom Endbahnhof aus zieht dann die hintere Lok den Zug und die andere Lok läuft mit."

Sandklaffmuschel

Papa meint: „Ich glaube, wir brauchen keine Sitzplätze. Die Fahrt dauert nicht lange. Übrigens, zweimal in der Woche zieht eine Dampflok alte Wagen, die zu der historischen Lok passen. Wenn wir Lust haben, können wir ja mal mitfahren."

Mit der Kleinbahn geht's vorbei an Sanddünen. „Die sehen aus wie Minigebirge", meint Lucy. Im Ort Borkum steigt die Familie aus. Sie geht ein paar Minuten bis zur Deichstraße zum Haus mit den Ferienwohnungen. Und eine davon ist ihre. „Wie weit ist es bis zum Strand?", fragt Luca. Papa antwortet: „Ungefähr dreihundert Meter. Und da vorne seht ihr die Gaststätte ‚Heimliche Liebe'. In der oder in einer anderen können wir essen ..."
„Oder wir kochen uns das Essen in unserer Ferienwohnung selbst", ergänzt Mama. „Aber in den Ferien wechseln wir uns dabei ab."
„Oder wir grillen", schlägt Papa vor.

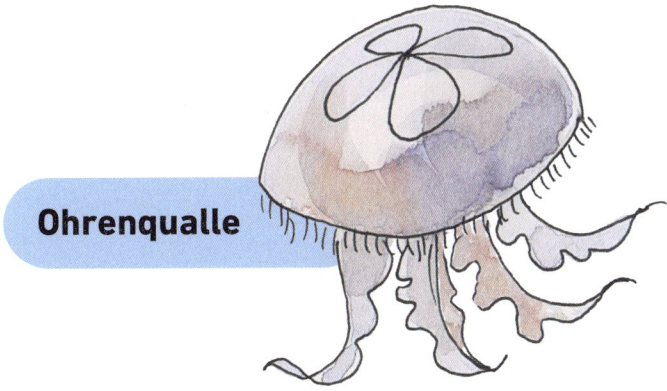

Vierzehn Tage Inselferien liegen vor ihnen. Mit allem, wozu die Familie Lust hat. Richtig schöne Ferien sollen das werden. Hier auf Borkum.

Sie freuen sich darauf. **Und wie!**

SACHTEIL: So funktioniert die Eisenbahn

Mit Lucy und Luca seid ihr jetzt einmal mit der Eisenbahn quer durch Deutschland gereist. Aber seit wann gibt es eigentlich Schienen, Züge und Lokomotiven? Der zweite Teil dieses Buches nimmt euch mit in die Welt der Eisenbahn. Ihr erfahrt zum Beispiel etwas über ihre Geschichte, ihre Technik und die vielen Berufe, die es bei der Bahn gibt.

PFERDE UND SCHIENEN

Heute ist die Eisenbahn selbstverständlich für die Menschen. Das war nicht immer so. Schienen, die passenden Räder und Maschinen mussten zuerst erfunden und konstruiert werden. Erst dann konnte die erste Lokomotive über die Gleise rollen.

Mit der Pferdekutsche unterwegs

Früher stieg man in eine Kutsche und die brachte die Fahrgäste zum Reiseziel. Natürlich wurde die Kutsche von Pferden gezogen. Früher … das heißt: bevor Autos, Motorräder und Züge fuhren. Mit der Pferdekutsche rumpelte man über holprige Wege. Schienen gab es noch nicht. Ein Kutscher saß auf dem Kutschbock und führte die Pferde am Zügel.

Pferdekutschen gibt es auch heute noch: Hier fahren Touristinnen mit einer Kutsche, einem Fiaker, durch die Stadt Wien.

Während dieser unbequemen Fahrt saßen die Menschen eng zusammen und wurden durchgerüttelt. Aber immerhin, mit einer Kutsche war man mehr als doppelt so schnell unterwegs wie zu Fuß. Ein Fußgänger schafft in einer Stunde ungefähr vier Kilometer, eine Pferdekutsche etwa elf. Allerdings mussten die Pferde an den Stationen immer wieder gewechselt werden, damit sie ausruhen konnten. Futter und Wasser brauchten sie auch.

Auf Schienen fährt sich's leichter

Etwas Ähnliches wie Schienen gab es vor über 2500 Jahren in Griechenland. In diesen parallel laufenden Rillen rollten die Räder eines Wagens. Die Rillen wurden in den Felsboden geschlagen. Mehr als 2000 Jahre später verlegte man im 16. Jahrhundert in England Schienen unter der Erde. Damals stellte man immer mehr Gegenstände aus Metall her. Das Erz, aus dem Metall geschmolzen wurde, mussten Bergleute tief unter der Erde aus dem Boden graben. Dann wurde es in kleinen Wagen nach oben befördert. Die Wagenräder rollten auf Holzschienen oder Bohlen. Aber die rollten

Diese Kinder zeigen, wie sie einen Wagen mit Holzrädern auf Holzschienen schieben. Sie machen das aus Spaß, früher war das gefährliche Kinderarbeit.

nicht einfach so. Bergleute mussten sie durch dunkle enge Stollen nach oben schieben. Oder man setzte Kinder für diese gefährliche und anstrengende Arbeit ein.

Immer mehr Metall wurde gebraucht. Deswegen transportierte man auch immer mehr Erz aus den Gruben und dafür baute man größere Wagen. Die waren zu schwer, um von Menschen geschoben zu werden. Deswegen zogen Pferde oder Maulesel die Wagen.

Pferde oder Esel zogen die ersten Güterwagen voll Kohle von den Bergwerken in die Häfen.

Schienen auf der Erde

Aber nicht nur unter der Erde brauchte man Schienen, die damals noch aus Holz waren. Auch auf der Erde wurden sie verlegt, weil man Schienenstrecken schneller bauen konnte als Straßen. In England zogen Pferde dann schwer beladene große Förderwagen auf Schienen von Bergwerken zu Häfen, von denen aus das Erz auf Schiffen weitertransportiert wurde. Die erste längere Strecke führte 1795 acht Kilometer von verschiedenen Bergwerken zu einem Kanalhafen.

Holzschienen gingen schnell kaputt

Die Holzschienen hielten nicht lange und mussten immer wieder ausgetauscht werden. In England hatte man eine gute Idee. 1767 beschlug man die Holzschienen mit einer Lauffläche aus Eisen. Ein Spurkranz sorgte dafür, dass die Räder auf den Schienen blieben. Mit dieser eisernen Lauffläche waren die Schienen haltbarer. Dann überlegte man, die ganzen Schienen aus Eisen herzustellen. Es wurde probiert und funktionierte. Aber auch die Eisenschienen waren nicht perfekt, deswegen walzte man ab 1820 Stahlschienen, die noch haltbarer waren.

Die Eisenbahn bekam ihren Namen, weil sie am Anfang auf Eisenschienen lief. Eigentlich hätte man sie nach 1820 Stahlbahn nennen können.

Schienen aus Eisen halten länger als Schienen aus Holz. Der Mann hier verlegt Eisenschienen. Danach fährt der Wagen, der die Schienen transportiert, ein Stück weiter. Und der Mann verlegt wieder Schienen ... und so weiter. So entsteht eine lange Schienenstrecke.

Bald transportierte die Pferdebahn auch Menschen

Viele Jahre fuhr man Waren auf Schienen von einem Ort zum anderen. Es war logisch, dass man dann auch Menschen auf Schienen transportierte. Zu Beginn des 19. Jahrhunderts fuhren in England die ersten Pferdebahnen, in denen Menschen saßen. Die Erlaubnis dazu kam 1801 vom britischen Parlament. Die Schienen durften aber nicht nur von den offiziellen Pferdebahnen benutzt werden. Jeder durfte auf ihnen fahren, der Pferde und einen Wagen besaß, der auf Schienen fahren konnte. Kam diesen privaten Kutschen eine ‚richtige' Pferdebahn entgegen, mussten die privaten vom Hauptgleis auf ein Nebengleis ausweichen. Das hielt den Verkehr auf und wurde bald eingestellt.

1827 wurde die erste Strecke für Pferdebahnen in Frankreich fertig. Sie war achtzehn Kilometer lang. Eine Bahnstrecke von 128 Kilometern entstand ab 1825 in Österreich-Ungarn, 1832 fuhren dann auch dort die Pferdebahnen. Die erste Pferdebahn in Deutschland war 1865 die Berliner Pferdebahn.

1866 fuhr in Hamburg die erste Pferdebahn.

Die erste Lokomotive

Bis zum Beginn des 19. Jahrhunderts transportierte man Waren mit Pferdekutschen auf Schienen, also bis vor ungefähr 200 Jahren. Dann begann das industrielle Zeitalter. Viele neue Fabriken wurden gebaut und die brauchten immer mehr Erz und Kohle.

Schon 1769 hatte James Watt in England eine brauchbare Dampfmaschine konstruiert. Im gleichen Jahr wurde in Frankreich das erste mit Dampf angetriebene Automobil gebaut und war ungefähr so schnell wie ein Fußgänger. Nun überlegten Ingenieure, ob man den Dampfantrieb auch benutzen könnte, um Wagen zu ziehen.

Die Puffing Billy aus dem Jahr 1816 konnte 50 Tonnen ziehen.

Und sie bauten die erste Lokomotive. Mit der wollte man schneller sein als mit Wagen, die von Pferden gezogen wurden. Außerdem sollten die Lokomotive und ihre Wagen größere Mengen transportieren.

1804 war es so weit. Die erste Dampflok wurde fertig. Gebaut hatte sie der englische Ingenieur Richard Trevithick und sie war fast doppelt so schnell wie ein Fußgänger. Die Lok konnte ungefähr zehn Tonnen ziehen. Am Anfang wusste man nicht, ob die Schienen solche schwereren Lasten tragen konnten. Und würden glatte Eisenräder auf den glatten Schienen Halt finden?

Zu schwer für Schienen

Bald stellte sich heraus, dass die Lok für die Schienen zu schwer war. Sie zerbrachen. 1816 baute man deswegen eine leichtere Lokomotive für die Bergwerke. Sie hieß ‚Puffing Billy' (Qualmender Billy) und konnte ungefähr 50 Tonnen ziehen. Sie brachte die beladenen Wagen acht Kilometer weit bis zum Hafen von Newcastle, ohne dass die Schienen kaputtgingen.

Die ersten Lokomotiven sahen sehr unterschiedlich aus.

So sah die erste mit Dampf angetriebene Kraftmaschine aus. Diese hier ist eine Nachbildung der ersten Dampfmaschine von James Watt aus dem Jahr 1788, sie steht im Deutschen Museum in München.

VOLLDAMPF VORAUS!

Die Dampfmaschine war erfunden! Und kurz danach auch die Lokomotive.

George Stephenson und seine Lokomotive

George Stephenson arbeitete als Jugendlicher in einem englischen Bergwerk. Lesen und Schreiben lernte er erst als Erwachsener. Aber schon als junger Mann kannte er sich mit Bergwerken und Dampfmaschinen aus. Ab 1813 konstruierte er als Maschinist einer Kohlegrube Dampfloks. Ein Jahr später benutzte man die erste für den Kohletransport.

George Stephenson

Robert Stephenson

1821 wollten Besitzer von Kohlegruben eine Pferdebahn bauen lassen. Stephenson führte ihnen seine neue Dampflokomotive vor. Die Grubenbesitzer erkannten, dass sie für den Kohletransport besser geeignet war als die Pferdebahn.

1823 gründete er mit seinem Sohn Robert die erste Lokomotivfabrik. Stephensons Loks waren zuverlässig und haltbar. Sie wurden in viele Länder verkauft.

Die erste Fahrt mit der Dampfeisenbahn

Seit 1825 war Stephensons ‚Locomotion No 1' unterwegs. Bei ihrer ersten Fahrt zog sie sechs Wagen voller Kohle und Mehlsäcke. Auch Arbeiter fuhren auf den Wagen mit. In sechs weiteren Wagen saßen Fahrgäste und erlebten die erste längere Fahrt mit einer Dampfeisenbahn.

George Stephensons Locomotion No 1 war eine Dampflokomotive mit einem dicken Schornstein ganz vorn. Hier zieht sie zwei Wagen.

Stephenson war auch verantwortlich für den Bau der Eisenbahnstrecke von der Industriestadt Manchester zur Hafenstadt Liverpool. Bei den Arbeiten dafür baute man zum ersten Mal Tunnel und Bahnhöfe für die Eisenbahn. Die Strecke wurde ab 1830 befahren. Als Lokomotive benutzte man die ‚Rocket' (Rakete), die Stephenson mit seinem Sohn konstruiert hatte. Jetzt hatte sich die Dampfeisenbahn durchgesetzt und überall auf der Welt wurden Eisenbahnstrecken gebaut.

Die erste Dampflok in Deutschland war der von Stephenson gebaute ‚Adler'. Er fuhr ab 1835 zwischen Nürnberg und Fürth.

Ohne Dampfmaschine keine Dampflok

Wasser und Wind benutzte man schon vor langer Zeit zur Energiegewinnung. Dafür baute man Wasserräder und Windmühlen. Mit diesen ersten Kraftmaschinen erleichterten sich die Menschen ihre Arbeit. Wasserräder brauchte man, um zum Beispiel Mühlen anzutreiben. Windmühlen trieben Mahlwellen an, mit denen Getreide zu Mehl gemahlen wurde.

Einige tausend Jahre später konstruierte man im 18. Jahrhundert die Dampfmaschine. Mit ihr konnte die Energie des Feuers genutzt werden. Dampfmaschinen wurden gebraucht, um Wärmeenergie, die zum Beispiel bei der Verbrennung von Kohle entsteht, in Bewegung umzuwandeln. Bis dahin hatten Menschen die Arbeit in den Fabriken mit den Händen erledigt. Dann stellte man Dampfmaschinen in den Fabriken auf und die beendeten die Handarbeit. Mit diesen Maschinen konnte man schneller und mehr produzieren. Damit begann die Industrialisierung.

Das hier ist ein kleines Modell der Rocket. Sie war die bekannteste Dampflok der Welt.

Bald trieben Dampfmaschinen auch Dampflokomotiven an. Das funktionierte, indem man in einem Kessel Wasserdampf erzeugte. Der Dampf trieb Kolben in einem Zylinder hin und her. Die Hin- und Herbewegung der Kolben wurde auf die Antriebsräder übertragen und die Lok fuhr los.

Der Adler war Deutschlands erste Dampflokomotive. Gebaut wurde er 1835 in England. Die zwei Männer hier auf der alten Lok haben sich extra so angezogen wie früher.

Das Eisenbahnfahren wurde immer beliebter

Als in England die ersten Eisenbahnen fuhren, wurde das Bahnfahren schnell überall beliebt. Allerdings wurde auch davor gewarnt. Einige Ärzte meinten, man könnte sich durch den Fahrtwind erkälten und die Geschwindigkeit der Eisenbahn sei für die Gesundheit gefährlich. Beim ‚Adler', der ersten Lokomotive in Deutschland, waren das knapp dreißig Kilometer in der Stunde. Trotz dieser Warnungen wurden immer mehr Menschen und Waren mit dem Zug zu ihrem Ziel gebracht. Überall baute man neue Eisenbahnstrecken. Um die Reiseziele zu erreichen, musste man die Eisenbahnstrecken miteinander verbinden, so entstanden Streckennetze.

Ganz schön viel Dampf! Das hier ist eine Dampflok aus dem Jahr 1937 im Hauptbahnhof Dresden.

DER BAHNHOF: TOR ZUR WELT!

Im Streckennetz brauchte man Haltestellen für die Züge. Also baute man Bahnhöfe zum Ein- und Aussteigen und zum Be- und Entladen von Waren. Große Bahnhöfe nennt man auch „Tore zur Welt", weil wir von hier aus in andere Städte und immer weiter in die Welt fahren können.

Überall Bahnhöfe

Die ersten Bahnhöfe waren einfache Gebäude, meistens am Rand von Städten oder Ortschaften. In der Nähe von Bahnhöfen wurden immer mehr Fabriken gebaut und immer mehr Menschen arbeiteten dort. Zur Versorgung der Menschen wurden Geschäfte eröffnet. Die Städte wuchsen und wuchsen nun. Viele Menschen arbeiteten und wohnten in der Nähe der Bahnhöfe. Bald lagen die Bahnhöfe nicht mehr an den Stadträndern, sondern mitten in den Städten. Mit den Städten wuchsen auch die Bahnhöfe. Einfache Bahnhofsgebäude reichten nicht mehr, man baute große prächtige Bahnhöfe mit vielen Gleisen.

Damit der Bahnverkehr klappt, muss immer wieder nachgesehen werden, ob die Lokomotiven und Waggons gut funktionieren. Dafür braucht man Betriebswerke, die in der Nähe der Bahnhöfe entstanden. Dort werden zum Beispiel die Bremsen überprüft. Hier werden die Züge gereinigt. Außerdem gibt es Werkstätten in den Betriebswerken, die kleinere Schäden reparieren. Früher bekamen die Dampflokomotiven in den Betriebswerken die Kohle, das Wasser und Öl, also alles, was sie zum Fahren brauchten.

Riesig: der Hauptbahnhof in Hamburg. Hier halten mehr als 700 Züge pro Tag.

So bunt können Bahnhöfe sein! Der Bahnhof Liège-Guillemins in Lüttich (Belgien) ist einer der schönsten Bahnhöfe der Welt.

Kopfbahnhof und Durchgangsbahnhof

Ganz unterschiedliche Bahnhöfe wurden gebaut. Der Hauptbahnhof in München ist zum Beispiel ein Kopfbahnhof. Dort fahren die Züge auf einer Seite in den Bahnhof und auf der gleichen Seite hinaus. Die Gleise beginnen und enden im Kopfbahnhof. Soll die Fahrt weitergehen, wird die Lok meistens gewechselt. Sie kommt an den vorderen Teil des Zugs, der bei der Einfahrt der hintere war.

Im Durchgangsbahnhof führen die Hauptgleise durch den Bahnhof. Die Züge fahren von einer Seite in den Bahnhof und auf der anderen hinaus.

Spezielle Bahnhöfe

Für besondere Aufgaben baute man Rangierbahnhöfe. Dort werden Eisenbahnwagen auf andere Gleise gefahren. Einzelne Wagen stellt man für den Transport von Waren zu Güterzügen zusammen. Im Rangierbahnhof werden diese Züge dann wieder in einzelne Wagen getrennt.

Güterzüge dürfen in Deutschland bis zu 800 Meter lang sein. In anderen Ländern fahren mehrere Kilometer lange Güterzüge.

Von Rangierbahnhöfen aus wurden in den letzten Jahrzehnten immer mehr Güter in Containern transportiert. In diesen riesigen immer gleich großen Behältern kann man die Fracht mit unterschiedlichen Verkehrsmitteln verschicken.

Die Container werden mit Schiffen in einen Containerhafen gebracht. Von dort fährt man sie mit Zügen oder Lkw zu ihrem Ziel. Oder sie landen mit Flugzeugen auf einem Flughafen und man transportiert sie in Zügen oder Lkw weiter.

Immer längere Strecken

Als der Eisenbahnverkehr begann, waren die Dampflokomotiven und ihre Wagen nur auf kurzen Strecken unterwegs. Bald wurden die Bahnstrecken immer länger. Der Bau der längsten begann 1891 und war 1916 fertig. Es ist die über 9000 Kilometer lange Strecke der Transsibirischen Eisenbahn. Sie fährt von Moskau im Westen Russlands durch Sibirien bis nach Wladiwostok im Osten. Diese Bahn nennt man kurz ‚Transsib'. Über 90.000 Menschen arbeiteten an der Strecke. Einige tausend davon starben an Krankheiten oder beim Bau von Tunneln und Brücken.

In Amerika konnte man schon 1869 mit der Eisenbahn durch den ganzen Kontinent fahren. Auch beim Bau dieser Strecke starben viele Arbeiter. Ihre Arbeit war auch deswegen so gefährlich, weil man den Indianern ihr Land für den Bau wegnahm. Die wehrten sich und überfielen die Baustellen.

Schon bald nach der Erfindung der Eisenbahn wurden immer längere Strecken gebaut. Die Karte hier zeigt die Strecke, die die berühmte Transsibirische Eisenbahn fährt: von Moskau bis Wladiwostok, das sind knapp 9300 Kilometer – die Fahrt dauert acht Tage und sieben Nächte.

DRÜBER UND DRUNTER: BERGE UND TÄLER

Eisenbahnen fahren über Berge oder sie fahren durch Tunnel unter den Bergen hindurch. Sie überqueren tiefe Täler und Flüsse. Dafür planen Ingenieurinnen und Ingenieure Tunnel und Brücken.

Tunnelbau

Lokomotiven kommen mit ihren Wagen nicht über steile Berge und Gebirge. Deswegen baut man Tunnel und durch die fahren Züge schnell und ohne Steigungen. Auch unter Flüssen und sogar unter Meeren entstehen Tunnel.

Schon vor über 2500 Jahren wurden Tunnel gebaut. Die waren allerdings nicht so lang, wie es Tunnel heute sein können. Es gab sie zum Beispiel im alten Rom und in Griechenland. Zum Bauen hatte man noch keine Maschinen. Die Arbeiter gruben sich mit Hämmern und Meißeln durch die Erde. Das dauerte lange, war sehr anstrengend und gefährlich. Immer wieder stürzten Stollen ein oder Wasser überflutete sie, dabei starben viele Menschen.

Mitte des 19. Jahrhunderts wurde der Tunnelbau durch zwei Erfindungen erleichtert. 1857 konnte man die ersten Pressluthämmer einsetzen. Etwa zehn Jahre später begann man mit Sprengstoff zu arbeiten. Dazu bohrten Bergleute mit ihren Pressluthämmern und Pressluftbohrern Löcher in die Felsen, die mit Dynamit gefüllt wurden. Das entzündete man und es explodierte. Danach wurde das weggesprengte Gestein abtransportiert und die Bergleute konnten sich weiter durch die Berge, Gebirge oder unter Gewässern durcharbeiten. 1880 waren in Deutschland schon ungefähr sechshundert Eisenbahntunnel gebaut worden.

Durch einen Tunnel fährt die Eisenbahn unter hohen Bergen durch und unter Meeren.

Heute bohren sich riesige Tunnelbohrmaschinen durch Berge und Gebirge. Der Durchmesser des Drehkopfes so einer Maschine kann zwanzig Meter betragen. Er besteht aus einem Meißelträger mit rotierenden Rollenmeißeln. Das herausgebrochene Gestein wird nach hinten abtransportiert. Wie Riesenmaulwürfe graben sich diese bis zu vierhundert Meter langen Maschinen durch Erde und Felsen.

Der Gotthard-Basistunnel in der Schweiz ist mit 57 Kilometern der bisher längste Eisenbahntunnel der Welt. Er besteht aus zwei parallelen Tunnelröhren, durch die Züge unter den Schweizer Alpen hindurchfahren. Über dem Tunnel liegen an manchen Teilen der Strecke mehr als 2000 Meter Erde und Felsen. Fertig wurde der Tunnel 2016 nach siebzehn Jahren Bauzeit.

1987 begann man mit der Verwirklichung eines alten Plans. Man startete den Bau eines Tunnels für Eisenbahn- und Straßenverkehr unter dem Ärmelkanal zwischen Großbritannien und Frankreich. Nach sieben Jahren Bauzeit war er fertig. Seit 1994 kann man diesen über fünfzig Kilometer langen Eurotunnel durchfahren.

Ohne Brücken kein funktionierender Eisenbahnverkehr

Kinder bauen eine Brücke, damit sie ohne nasse Füße über einen Bach kommen. Dafür brauchen sie ein Brett, das von einer Bachseite zur anderen reicht. Damit es beim Darübergehen nicht bricht, legen sie ungefähr in der Mitte einen Stein darunter. So ähnlich entstanden auch die ersten Brücken. Statt des Brettes legten die Menschen vor vielen Jahrtausenden einen Baumstamm über einen Fluss oder eine Schlucht.

Schon im 6. Jahrhundert vor unserer Zeitrechnung entstand die erste römische Steinbrücke, also vor mehr als 2600 Jahren. Als Baumaterial dafür verwendete man bis ins 19. Jahrhundert Steine und Hölzer. Mit dem Beginn der Industrialisierung im 19. Jahrhundert wurden im Brückenbau das haltbarere Gusseisen und das noch besser geeignete Schmiedeeisen verwendet. Dazu kamen die Baustoffe Beton und Stahl und eine Kombination beider Materialien, die noch stabiler als Eisen ist.

Ohne Brücken würde es keinen funktionierenden Eisenbahnverkehr geben. Auf ihnen kann man schnell und ohne Umwege Flüsse, Täler und Meerengen überqueren. Eisenbahnbrücken müssen so berechnet und konstruiert werden, dass sie viel Gewicht und hohe Geschwindigkeiten aushalten. Außerdem sollte man sie bei laufendem Verkehr kontrollieren, warten und reparieren können.

Einer der ersten und erfolgreichsten Brückenbauer war Robert Stephenson, der Sohn des Lokomotivfabrikanten George Stephenson. Der hatte den ‚Adler' gebaut, die erste in Deutschland fahrende Lok. 1846 begann Robert Stephenson mit über 1500 Arbeitern den Bau einer 60 Meter hohen und 561 Meter langen Eisenbahnbrücke. Auf dieser ‚Britannia-Brücke' fuhren die Eisenbahnen ab 1850 über eine Meerenge in Wales (Großbritannien) und auch heute wird sie noch benutzt.

Seit 2010 ist die 164,8 Kilometer lange Danyang-Kunshan-Brücke in China die längste Brücke, die jemals gebaut wurde. Die längste Eisenbahnbrücke Deutschlands ist mit 8614 Metern die Saale-Elster-Talbrücke in Sachsen-Anhalt.

Der Brückenbau richtet sich nach den Landschaften, in denen die Brücken gebraucht werden. Sehr oft errichtet man Balkenbrücken, die man relativ einfach bauen kann.

Bogenbrücken bestehen aus einem Bogen oder mehreren Bögen, auf denen die Fahrbahnen liegen. Diese Brücken baut man zum Überqueren breiter Flussläufe und tiefer Schluchten.

Übrigens: Es gibt viel mehr Brücken als Tunnel für den Eisenbahnverkehr. Ende 2019 waren es allein im Streckennetz der Deutschen Bahn 25.707 Brücken.

Das ist der Glenfinnan-Viadukt in Schottland, eine riesige Talbrücke im schottischen Hochland.

Sie spielt in den Harry-Potter-Filmen eine Rolle, über diese Brücke fährt dort der Hogwarts Express.

EIN NETZ AUS SCHIENEN

Die vielen neuen Bahnstrecken wurden von Bautrupps gebaut. So entstand ein großes Schienennetz. Weichen, Stellwerke und Signale an den Strecken sorgen dafür, dass die Züge schnell und sicher fahren.

Immer mehr neue Bahnstrecken

Im 19. Jahrhundert wohnten die Arbeiter der Bautrupps an den Bahnstrecken in einfachen Hütten. Ihre Arbeit war anstrengend und gefährlich.

Zuerst mussten sie den Untergrund für eine Eisenbahnstrecke schaffen. Auf dem sollten die Gleise waagerecht liegen. Am besten fuhren die Loks auf Strecken mit wenig Steigung. Aber die neuen Strecken führten auch durch Täler und hügelige oder bergige Landschaften. Wenn sich das Gelände senkte, mussten Bahndämme aufgeschüttet werden. In bergigem Gelände wurden Einschnitte gegraben und Felsen weggesprengt. Über Flüsse und Täler baute man Brücken und durch steile Berge und Gebirge grub man Tunnel.

Für ihre schwere Arbeit hatten die Arbeiter zuerst nur einfache Werkzeuge wie Pickel und Schaufeln.

Der vorbereitete Untergrund ist der Unterbau des Bahnkörpers. Auf diesen Untergrund wurden Schottersteine geschüttet und auf die legte man Schwellen aus Holz oder Eisen. Das Gleisbett und die Gleise sind der Oberbau eines Bahnkörpers. Die Schienen wurden mit Schrauben und Klammern auf den Schwellen befestigt und dann zusammengeschweißt. Inzwischen gibt es für den Schnellverkehr den Eisenbahnoberbau mit fester Fahrbahn und ohne Schotterbett. Das sind Betonplatten oder in den Betonboden eingelassene Betonschwellen.

Seit langer Zeit benutzt man beim Bau der Bahnstrecken und bei ihrer Instandhaltung statt Schaufel und Pickel Maschinen wie die Gleisbaumaschine. Solche Maschinen sind bis zu siebenhundert Meter lang und können bis zu fünfhundert Meter Gleise in einer Stunde erneuern.

Eisenbahnstrecken müssen immer wieder repariert werden. Bei größeren Reparaturen sperrte man früher die Strecken für eine längere Zeit. Heute sind die Reparaturen viel schneller fertig, denn man setzt moderne Schnellumbauzüge ein, die langsam über die Strecke fahren und sie dabei reparieren. Ist ein Abschnitt wieder in Ordnung, fährt der Schnellumbauzug weiter. Die reparierte Strecke hinter ihm sieht aus wie neu. Mit solchen Zügen kann man Reparaturen schnell ausführen, man braucht weniger Arbeitskräfte und die Arbeit ist nicht mehr so gefährlich.

Ein Schnellumbauzug besteht aus zwei Zugteilen, dem Gleisabbauzug und dem Gleisverlegezug. Jeder der beiden Teile besteht aus Spezialmaschinen und Eisenbahnwagen. Die alten Schienen und Schwellen werden vom Schnellumbauzug aufgenommen und die neuen von ihm verlegt. Zwischen dem Schwellenaufnehmer und dem Schwellenleger ebnet eine Planierraupe das Schotterbett.

Diese Schotterplaniermaschine fährt hinter einer Stopfmaschine her (Seite 76/77). An der Seite hat sie einen Seitenpflug, mit dem sie die Böschungskante bearbeitet. Mit dem großen Kehrbesen vorne fegt sie überschüssigen Schotter vom Gleisbett.

Das ist eine Universal-Stopfmaschine.
Sie sorgt für perfekt ebene Gleise.

Der Bügel oben auf dem Dach ist ein Stromabnehmer. Von dem bekommt die Maschine Strom aus der Oberleitung für ihre Arbeiten – und macht dabei kaum Lärm.

Hier ist der wichtigste Teil der Maschine: das Stopfaggregat. Nachdem das Gleis in die richtige Position gebracht wurde, verdichten 32 Stopfwerkzeuge den Schotter darunter.

Der seitliche Arm sammelt Schotterkörner ein und nimmt sie dorthin mit, wo sie gebraucht werden. Auf der anderen Seite des Zuges ist noch so einer.

Über den QR-Code erfahrt ihr mehr über diese Stopfmaschine.

Diese Stopfmaschine ist 69 Meter lang und arbeitet im Schritttempo.

Wofür braucht man Stellwerke?

Als der Eisenbahnverkehr begann, fuhren nur wenige Züge. Damit es keine Unfälle gab, waren sie in weiten Abständen unterwegs. Musste ein Zug anhalten, wurde dem Zugführer in der Lokomotive von einem Arbeiter mit Signalflaggen oder Signalstöcken gezeigt, wann er wieder freie Fahrt hatte.

Auch die Weichen wurden damals mit der Hand bedient. Kam ein Zug einem anderen Zug auf der gleichen Strecke entgegen, verstellte ein Weichensteller die Weiche und der Zug wurde auf ein freies Gleis geleitet. Mithilfe dieser Gleisstücke – der Weichen – konnten sich die Züge ausweichen.

Bald fuhren immer mehr Züge und man brauchte überall an den Bahnstrecken Stellwerke. In denen wurde dafür gesorgt, dass die Züge sicher zu ihrem Ziel kamen, denn von den Stellwerken aus wurden die Weichen und Signale ferngesteuert. Auch in den Stellwerken arbeitete man früher mechanisch. Der Fahrdienstleiter oder ein anderer Mitarbeiter bediente also die Hebel mit den Händen. Die Hebel in den Stellwerken waren mit den Signalen und Weichen an den Gleisen durch Schnüre und Drähte verbunden. So konnte man sie vom Stellwerk aus verstellen.

Hier ist der Hebel zum Umstellen der Weiche direkt neben dem Gleis.

Dieser Fahrdienstleiter muss keine schweren Hebel mehr umlegen.
In modernen Stellwerken werden Weichen und Signale elektronisch gesteuert.

Die meisten Stellwerke waren hohe Gebäude mit großen Fenstern. Der Fahrdienstleiter konnte von da oben durch die Fenster die Gleise, Weichen, Signale und Kreuzungen gut überblicken und den Zugverkehr steuern.

Das erste mechanische Stellwerk wurde 1843 in England gebaut. Vierundzwanzig Jahre später baute 1867 eine englische Firma das erste dieser Stellwerke in Deutschland. Am Ende des 19. Jahrhunderts probierte man aus, elektrischen Strom für die Arbeit in den Stellwerken zu nutzen, um die Weichen und Signale elektrisch zu bedienen. 1896 entstand das erste elektromechanische Stellwerk weltweit in Berlin-Westende. Etwa dreißig Jahre später baute man die ersten vollständig elektrischen Stellwerke.

Mit dem Beginn des Computerzeitalters vor etwa fünfzig Jahren begann man, Computer in den Stellwerken einzusetzen. Von 1978 an arbeitete das erste computergesteuerte Stellwerk in Göteborg (Schweden).

Ende 2019 waren im Streckennetz der Deutschen Bahn 2557 Stellwerke in Betrieb.

So sahen die mechanischen Hebel in einem alten Stellwerk aus. Die Zahlen zeigten an, welcher Hebel welche Signale und Weichen bewegte.

Mehr Sicherheit

Auf den Straßen stellt man für die Sicherheit der Verkehrsteilnehmer unterschiedliche Verkehrsschilder auf und an den Kreuzungen stehen Ampelanlagen. Auch für die Sicherheit des Schienenverkehrs braucht man Signale. Jedes hat für den Lokführer eine bestimmte Bedeutung. Die unterschiedlichen Signale sind Informationen, die ihm zum Beispiel zeigen, ob er in einen bestimmten Streckenabschnitt fahren darf oder ob dort ein anderer Zug unterwegs ist. Auch als Einfahrt- oder Ausfahrtsignale an Bahnhöfen braucht der Lokführer diese Informationen. Außerdem zeigen sie ihm, wie schnell er fahren darf, ob er anhalten muss und wann er weiterfahren kann.

Zu Beginn des Eisenbahnverkehrs zeigten Bahnwärter den Lokführern mit Flaggen an, was sie beachten mussten. Die Flaggenzeichen wurden später von maschinellen Signalen abgelöst. Bahnmitarbeiter steuerten die neuen Signale von den Stellwerken aus.

Immer mehr Züge fuhren und sie wurden immer schneller. Also mussten die Signale erneuert und modernisiert werden, damit die Züge ihre Fahrgäste sicher zum Ziel bringen konnten. Dafür wurden elektrische Lichtsignale entwickelt, die besser sichtbar waren. Die stellte man dann vor etwa hundert Jahren an den Eisenbahnstrecken auf und sie ersetzten die maschinellen Signale.

Das ist ein Zwerg: ein Signalzwerg. Dieses kleine elektrische Signal neben den Schienen zeigt dem Lokführer an, dass er halten muss.

Noch mehr Sicherheit

Bremst man ein Auto, steht es erst nach einiger Zeit und etlichen Metern. Wie lange das dauert, hängt davon ab, wie schnell das Auto fährt und wie viel Gewicht abgebremst werden muss. Genauso ist es beim Zug. Allerdings wird da viel mehr Gewicht abgebremst als beim Auto. Deswegen dauert es beim Zug vom Bremsen bis zum Stehen länger.

Die Räder von Loks und Wagen haben extrem starke Bremsen. Das hier sind Scheibenbremsen.

Beim Start des Eisenbahnverkehrs im 19. Jahrhundert stoppte man die Züge mit Handbremsen, die von Bremsern bedient wurden. War der Zug schnell und schwer, fuhr in jedem Wagen meistens ein Bremser mit. War der Zug leichter und langsamer und die Lok schwer, brauchte man weniger Bremser.

Die Bremser saßen in ihrem Wagen im Bremserhäuschen. Hörten sie die Signalpfeife des Zugführers, drehten sie die Kurbeln der Handbremsen. Die Kraft, mit der die Bremse bedient wurde, übertrug ein Gestänge auf eiserne Bremsklötze. Und die drückten auf die Lauffläche der Räder, die dann bremsten. Diese Art von Bremsen nennt man Klotzbremsen. Auch heute benutzt man sie noch. Sie werden aber nicht mehr vom Bremser mit den Händen bedient, sondern vom Zugführer durch Luftdruck. Die Luft für die Bremsen strömt durch Schläuche und Rohre zu jeder Bremse der Wagen. Diese Luftdruckbremsen hat der Amerikaner George Westinghouse 1869 erfunden.

In den Zügen sieht man überall Notbremsen mit ihren roten Griffen. Im Notfall kann der Schaffner oder ein Fahrgast den Griff ziehen und der Zug bremst.

Für schnelle Züge hat man Scheibenbremsen und Magnetschienenbremsen entwickelt. Bei der Scheibenbremse wird eine Scheibe auf die Radachse montiert. Wird die Bremse betätigt, drückt die Scheibe auf die Bremsbacken und der Zug hält. Bei der Magnetschienenbremse gibt es am Drehgestell des Wagens einen Bremsmagneten. Wenn der Zug gebremst wird, drückt sich der Bremsmagnet gegen die Schienen und der Zug hält.

Im Notfall können auch Fahrgäste einen Zug anhalten, indem sie die Notbremse ziehen. Das darf man aber wirklich nur im Notfall!

Sichere Schienenwerkstatt auf Rädern

Hier ist das Lager für Gleisbaumaschinen und Werkzeuge.

Für das mitfahrende Arbeitsteam gibt es in diesem Wagen eine kleine Küche, einen Aufenthaltsraum und die Toilette.

Hier seht ihr, wie der Instandhaltungszug funktioniert:

Das ist ein **Instandhaltungszug**. Eine Werkstatt auf Rädern, in der Arbeiter die Schienen prüfen und reparieren.

In diesem Teil des Zuges reparieren die Gleisbauer die Schienen. Der Wagen schützt sie vor schlechtem Wetter und vorbeifahrenden Zügen. Hier finden sie alle Werkzeuge, die sie für ihre Arbeit brauchen.

Der TGV (Train à Grande Vitesse, das bedeutet: Zug mit großer Geschwindigkeit) aus Frankreich ist einer der schnellsten Züge der Welt. Er fährt bis zu 380 Kilometer in der Stunde.

NEUE LOKOMOTIVEN

E-Autos, E-Roller, E-Bikes: Um Umwelt und Klima zu schützen, werden heute viele Fahrzeuge elektrisch angetrieben. Die Eisenbahn fährt schon seit mehr als hundert Jahren elektrisch.

Vom Puffing Billy zur Elektrolokomotive

1813 fuhr in England die Dampflokomotive ‚Puffing Billy' (Qualmender Billy). Einundzwanzig Jahre später, also 1834, gab es die ersten Elektromotoren. Natürlich wurde dann überlegt, ob solche Motoren auch für Schienenfahrzeuge geeignet wären. Zuerst versuchte man, diese Idee mit Batterien zu verwirklichen. Aber die waren zu schwer und zu teuer und der Versuch wurde gestoppt.

Viele Forscher und Erfinder arbeiteten weiter daran, Elektrizität als Antrieb für Lokomotiven benutzbar zu machen. Den deutschen Elektroingenieur Werner von Siemens nennt man den Erfinder der Elektrolokomotive. Die erste E-Lok konnte man 1879 in Berlin bestaunen. Werner von Siemens hatte auch die Idee, eine Stromschiene zwischen die Gleise bauen zu lassen. Von ihr bekam die Lok die Elektrizität, die sie zum Fahren brauchte.

Die Firma Siemens & Halske ließ in Berlin eine Schienenstrecke mit so einer Stromschiene bauen. Darauf konnte die Elektrolok dreizehn Kilometer in der Stunde fahren. Sie zog drei Wagen und in jedem saßen sechs Fahrgäste. Die Elektrolok war viel leiser als die lauten Dampfloks. Sehr praktisch war, dass sie von einem einzigen Menschen bedient werden konnte.

Werner von Siemens hatte erkannt, dass die Elektrizität immer wichtiger werden würde. In Berlin ließ er 1881 die erste Straßenbahn bauen, natürlich mit elektrischem Antrieb. Im selben Jahr dachte er sich die Oberleitung aus, die über die Loks gespannt wurde. Die Elektrolok bekam den Strom zum Fahren nun durch

So eine Lok zieht Güterwagen: Das hier ist eine Rangierlokomotive mit Dieselmotor.

diese Leitung von oben. Sie ersetzte die gefährlichen Stromschienen zwischen den Gleisen. In den nächsten Jahren fuhren in Deutschland dann immer mehr Straßenbahnen mit Elektroantrieb und Oberleitung.

Heute sind die meisten Bahnstrecken in Deutschland schon lange elektrifiziert. Die E-Loks haben die Dampfloks seit vielen Jahrzehnten abgelöst. Beliebt sind sie auf einigen Strecken aber immer noch, weil sie die Wagen der historischen Eisenbahnen ziehen. Die Fahrgäste erleben bei solchen Fahrten hinter der fauchenden und qualmenden Lok, wie das Bahnfahren früher war.

Lokomotiven mit Dieselmotor

1864 wurde der Ottomotor erfunden, der mit Benzin angetrieben wird. Nun versuchte man, eine Lokomotive mit Benzinmotor zu bauen. Schnell wurde erkannt, dass dieser Motor keine gute Idee für eine Lokomotive war. Er lief nicht zuverlässig, außerdem war das Benzin teuer.

Der deutsche Erfinder Rudolf Diesel ließ sich 1892 einen Motor patentieren, der mit dem billigeren Dieselöl lief. Er verbesserte den Motor weiter und 1897 fuhr die erste Lok mit Dieselmotor.

Am Anfang des 20. Jahrhunderts gab es außer den Dampfloks die E-Loks und die Diesel-Loks. Übrigens konnten die Dampflokomotiven damals schon 160 Kilometer in der Stunde fahren. Die Firma AEG (Allgemeine Elektricitäts-Gesellschaft) hatte 1903 einen mit elektrischem Strom fahrenden Versuchswagen entwickelt, der noch schneller war. Er schaffte 210 Kilometer in der Stunde.

Züge können heute mit über 300 Kilometern in der Stunde unterwegs sein. Damit ist die Bahn schneller als das Auto. Mit ihr ist man in Deutschland auf vielen Strecken auch schneller am Reiseziel als mit dem Flugzeug. Um loszufliegen, muss man erst zu einem Flughafen fahren, einchecken … und das dauert. Bequemer als mit dem Flugzeug reist man mit der Bahn sowieso.

GÜTERTRANSPORT MIT DER BAHN

Ein einziger Zug kann viele Güter transportieren. Der Güterverkehr mit der Eisenbahn ist vor allem auf langen Strecken sehr umweltfreundlich, weil er viele Lkw ersetzt, die Abgase produzieren.

Schienengüterverkehr

Neben dem Personenverkehr ist der Transport von Gütern und Waren wichtig für die Bahn. Wurde in den Anfangsjahren der Eisenbahn vor allem Kohle transportiert, wird heute fast jede Fracht mit dem Schienengüterverkehr transportiert. Egal ob Getreide, Eisenerz, Autos, Früchte und Gemüse, Tiefkühlkost oder Container – für alles gibt es spezielle Güterwagen. Sogar ganze beladene Lastwagen können im sogenannten Kombi-Verkehr mit dem Zug über lange Strecken transportiert werden. Dieser Kombi-Verkehr ist besonders umweltfreundlich und wird ‚rollende Landstraße' genannt.

Auch flüssige Güter, wie zum Beispiel Benzin, Diesel, Gas, Pflanzenöl, Essig, chemische Erzeugnisse und sogar Zuckerrübensirup fahren mit der Bahn. Dafür gibt es die Kesselwagen. Die sehen aus wie große Fässer auf Rädern, nur viel größer und moderner. Die neuesten Güter- und Kesselwagen haben eine moderne Digitaltechnik. Damit kann zum Beispiel die Temperatur von Tiefkühlwaren überwacht werden, während der Zug unterwegs ist. Und hat der Güterwagen mal technische Probleme, wird das direkt an die Werkstatt gesendet, noch bevor der Zug sein Ziel erreicht, und kann dann schnell repariert werden.

Ganz schön viel los! Hier stehen, warten oder fahren viele Güterzüge in einem Rangierbahnhof.

So viele bunte Container! Das ist der Teil des Hamburger Hafens, in dem die Container abgestellt und umgeladen werden, vom Schiff auf Zug oder Lkw. Ein Hafen ohne Wasser? Natürlich nicht:

Der Containerbereich dieses berühmten Hafens ist so riesig, dass hier nur die vielen Züge und Container, Straßen, Gleise und die blauen Verladekräne zu sehen sind. Das sieht fast aus wie eine Spielzeuglandschaft.

Vielleicht reisen wir eines Tages noch viel schneller als heute? Werden wir in Kapseln durch riesige Röhren geschossen?

SCHWEBEBAHN UND WASSERSTOFFZUG

Ingenieurinnen und Ingenieure erforschen und entwickeln immer neue Möglichkeiten, noch schneller und umweltschonender zu reisen, zum Beispiel mit Magnetschwebebahnen oder durch riesige lange Röhren. Heute gibt es sogar Lokomotiven mit Wasserstoffantrieb.

Tempo! Tempo!

1991 fuhr der erste ICE (Intercity Express) in Deutschland. Geplant wird aktuell ein Zug, der den ICE ersetzen soll. Er heißt NGT (Next Generation Train, das bedeutet: Zug der nächsten Generation). Solche Züge sind doppelstöckig und werden über 400 Kilometer in der Stunde fahren können.

Auf einigen Strecken setzt die Deutsche Bahn Züge mit Neigetechnik ein. Auch damit erreicht man höhere Geschwindigkeiten. Außerdem macht diese Technik das Zugfahren angenehmer, denn in Zügen mit Neigetechnik spüren die Fahrgäste die Fliehkraft in den Kurven weniger.

Schon seit 1981 fährt in Frankreich der TGV (Train à Grande Vitesse, das bedeutet: Zug mit großer Geschwindigkeit, also Hochgeschwindigkeitszug). Eine besondere Konstruktion des TGV erreichte 2007 als Elektrozug 574,8 Kilometer in der Stunde.

Damit die Bahn noch schneller fahren kann, hat sich der Ingenieur Hermann Kemper die Magnetschwebebahn ausgedacht. Sie wurde weiterentwickelt und fuhr in Deutschland auf einer Teststrecke. Man nannte diese Bahn Transrapid. Allerdings gab es im Jahr 2006 mit dem Transrapid einen schlimmen Unfall und das Projekt wurde in Deutschland aufgegeben. In China verkehrt eine Magnetschwebebahn zwischen der Stadt Shanghai und dem Flughafen. Und in Japan baute man die Magnetschwebebahn

IR-Maglev MLX01. 2015 erreichte sie auf einer Versuchsstrecke 603 Kilometer in der Stunde. Solche Geschwindigkeit ist möglich, weil die Magnetschwebebahn nicht auf Schienen fährt. Starke Magneten sorgen dafür, dass sie über den Schienen schwebt. So entsteht keine Reibung und der Zug fährt schneller als auf Schienen.

In Amerika wird eine Bahn geplant, die auf einem Magnetkissen durch eine Röhre fliegt. Die Röhre ist luftleer, deswegen entsteht kein Luftwiderstand und keine Reibung. Dieser sogenannte Hyperloop könnte mit Überschallgeschwindigkeit durch die Röhre sausen, also mit etwa 1200 Kilometern in der Stunde. Damit wäre er schneller als ein Passagierflugzeug. Der Hyperloop soll zwischen Los Angeles und San Francisco fahren. Die Strecke ist fast 600 Kilometer lang und der Hyperloop würde in etwa 30 Minuten sein Ziel erreichen.

Umweltfreundliche Loks mit Brennstoffzellen

E-Loks fahren mit Strom und sind deswegen umweltfreundlich. Den Strom bekommen sie von Oberleitungen. Aber auf vielen Strecken gibt es keine Oberleitungen. Dort können Diesel-Lokomotiven fahren, die von Motoren angetrieben werden. Die Diesel-Loks verbrennen Kraftstoff. Deswegen nennt man ihre Motoren Verbrennungsmotoren. Beim Verbrennen des Kraftstoffs entstehen schädliche Stoffe, wie zum Beispiel Kohlendioxid (CO_2). Das ist ein unsichtbares Gas. Auch Autos, Schiffe und Flugzeuge werden von Verbrennungsmotoren angetrieben und pusten CO_2 in die Luft. Und zwar viel mehr, als die Natur verträgt. Dadurch wird es auf der Erde immer wärmer und im Sommer zu heiß für Menschen, Tiere und Pflanzen. Was da passiert, nennt man Klimawandel.

Schon lange suchen Ingenieurinnen und Ingenieure, Forscherinnen und Forscher nach Möglichkeiten, Lokomotiven anders anzutreiben. Sie möchten erreichen, dass der Klimawandel gestoppt oder verlangsamt wird. Die wichtigste neue Technik, um Loks umweltfreundlich anzutreiben, ist die Brennstoffzelle. So nennt man diese elektrische Stromquelle. Auch in der Brennstoffzelle wird etwas verbrannt, aber ohne Flamme. Der Treibstoff, der in der Zelle verbrannt wird, heißt Wasserstoff. Auch der ist ein Gas. Kommt Wasserstoff in der Brennstoffzelle mit Sauerstoff zusammen, entsteht Energie. Diese Energie ist elektrischer Strom. Und mit dem können die Loks fahren. Als ‚Abgas' entsteht dabei nur Wasserdampf, also kein schädliches Gas wie Kohlendioxid. Züge, die mit Wasserstoff angetrieben werden, schützen unsere Umwelt und das Klima.

Züge mit Brennstoffzellen-Antrieb werden auch Wasserstoffzüge genannt. Die weltweit ersten vierzehn Wasserstoffzüge fahren seit August 2022 bei der Eisenbahnen und Verkehrsbetriebe Elbe-Weser GmbH (evb) in Niedersachsen: Sie produzieren ihren eigenen Strom aus Wasserstoff und sind damit emissionsfrei. So nennt man es, wenn ein Zug keine Abgase produziert – außer Wasserdampf. Diese umweltfreundlichen, klimaschonenden Züge heißen Coradia iLint und wurden von der Firma Alstom in Salzgitter entwickelt und gebaut. Bestimmt fahren bald noch viel mehr solcher Wasserstoffzüge auf den Schienen!

Dieser Wasserstoffzug heißt Coradia iLint und fährt mit Brennstoffzellen-Antrieb.

So sieht das moderne Cockpit eines Lokführers aus. Von hier aus wird der Zug gesteuert.

BERUFE BEI DER BAHN

Bei der Bahn gibt es jede Menge zu tun. Deswegen arbeiten dort viele Menschen, und zwar in über fünfhundert Berufen.

Beschäftigt sind sie in unterschiedlichen Bereichen, zum Beispiel dem Bahnbetrieb, dem Bahnbau, dem Service (gemeint ist damit die Kundenbetreuung) und dem Umweltschutz. Wichtig sind auch die Berufe bei der Instandhaltung, dem Management, der Bahnindustrie, der Logistik, der IT-Technik, der Sicherheit und der Wissenschaft. In jedem dieser Bereiche gibt es viele einzelne Berufe. Besonders auffallend für die Fahrgäste sind wahrscheinlich:

Lokführer*in

Man sieht sie beim Einsteigen in die Lok. Dort ist ihr Arbeitsplatz. Sie steuern die Lokomotiven, die mehrere tausend PS stark sein können. Natürlich kennen sie sich gut mit der Technik im Zug aus. Und sie sorgen dafür, dass die Menschen und Güter in der Bahn schnell und sicher zu ihrem Fahrziel kommen.

Fahrdienstleiter*in

Die sieht man kaum, denn ihr Arbeitsplatz sind die Stellwerke der Bahn, die es an allen Strecken gibt. Ihre Tätigkeit kann man mit der von Fluglots*innen vergleichen. Die Fahrdienstleiter*innen in den Stellwerken sind verantwortlich für alle Zug- und Rangierfahrten. Sie sorgen für einen pünktlichen, reibungslosen und sicheren Zugverkehr.

Zugdisponent*in

Sie planen und organisieren den Bahnbetrieb und arbeiten meistens im Team. Für ihren Beruf gibt es eine Spezialausbildung. Sie kümmern sich darum, dass die Betriebsabläufe beim Schienenverkehr gut funktionieren. Die Zugdisponentinnen und Zugdisponenten organisieren die Arbeitskräfte, die gebraucht werden, und sie planen, welche Lokomotiven und Wagen beim Bahnverkehr und beim Rangieren eingesetzt werden.

Gleisbauer*in

Sie bauen das Streckennetz der Bahn und sorgen dafür, dass es in Ordnung bleibt. Dabei arbeiten sie mit Spezialmaschinen am Unterbau des Gleiskörpers. Zur Arbeit der Gleisbauerinnen und Gleisbauer gehört der Austausch von Gleisen und Weichen. Während ihrer Ausbildung lernen sie unter anderem das Schweißen und Brennschneiden.

Zugbegleiter*in

Während der Zugfahrt sieht man sie immer wieder, denn sie haben den meisten Kontakt zu den Fahrgästen. Die Zugbegleiterinnen und Zugbegleiter betreuen die Reisenden und kontrollieren die Fahrausweise. Sie geben Auskünfte und kümmern sich in den Zügen um die Sauberkeit, Ordnung und Sicherheit.

Koch/Köchin

Sie arbeiten in den Bord-, Bahnhofs- und Mitarbeiterrestaurants. Dort bereiten sie das Essen zu, das man in den Restaurants bestellt. Neben der Arbeit am Herd kümmern sie sich um die Organisation in den Küchen und um die Speisepläne. Sie kaufen die Lebensmittel ein, die gebraucht werden, und überprüfen ihre Qualität.

Wagenmeister*in

Auch für diesen Beruf braucht man eine Spezialausbildung. Wagenmeister*innen prüfen vor den Zugfahrten die technische Betriebssicherheit, die Einsatzfähigkeit und die Verkehrssicherheit der Züge. Sie untersuchen also, ob die Fahrzeuge Schäden und Mängel haben. Bei den Güterwagen überprüfen sie auch die Ladung und wie sie verstaut worden ist. Nach der Überprüfung entscheiden sie, ob der Zug losfahren darf oder ob er in die Werkstatt muss.

Der Wagenmeister prüft den Zustand der Wagen – hier leuchtet er mit einer Taschenlampe hinein und schaut nach, ob alles in Ordnung ist. Erst nach der Prüfung darf der Zug losfahren.

Solche runden Waggons heißen Kesselwagen. Sie transportieren Flüssigkeiten, zum Beispiel Chemikalien. In diesem Werk werden die Wagen mit Chemikalien befüllt.

Die beiden Frauen haben die Chemiewagen technisch begutachtet und geprüft, ob alle Sicherheitsvorkehrungen eingehalten werden.

Im Bahnbetriebswerk steht die Lok auf einer Werkstattgrube, sodass die Mechaniker gut unter dem Fahrzeug arbeiten können.

Fachkräfte für Schutz und Sicherheit

Ihre Arbeit auf den Bahnhöfen und in den Zügen ist so etwas Ähnliches wie die Arbeit der Polizei. Wenn die Fahrgäste sie beim Streifendienst sehen, wissen sie, dass man sich um ihre Sicherheit kümmert. Die Fachkräfte für Schutz und Sicherheit sollen Gefahren erkennen und dafür sorgen, dass nichts Schlimmes passiert. Außer dass sie Personen schützen, sichern sie zum Beispiel auch Bahnanlagen und abgestellte Schienenfahrzeuge.

Werkstatt-Berufe bei der Eisenbahn

Damit der Schienenverkehr immer zuverlässig läuft, müssen die Fahrzeuge regelmäßig gepflegt und repariert werden. Die Werkstätten, in denen Lokomotiven, Güterwagen und Triebzüge gewartet werden, heißen Eisenbahnausbesserungswerke. Solche Arbeiten erledigen Frauen und Männer, die technisch gut ausgebildet sind, zum Beispiel Mechatroniker*innen, Industriemechaniker*innen, Elektroniker*innen, Metallbauer*innen, viele Techniker*innen und Ingenieur*innen.

Außerdem gibt es bei der Bahn diese Berufe:

Wir haben hier keine Gendersternchen benutzt, die zeigen, dass Frauen und Männer in diesen Berufen arbeiten. Mit den Sternchen war der Text nicht gut zu lesen. Deswegen der Hinweis: In den hier aufgeführten Berufen arbeiten Frauen und Männer.

Das alles sind Berufsgruppen, die bei der Bahn gebraucht werden. Wie gesagt ... bei der Bahn gibt es mehr als fünfhundert Berufe und viele verschiedene Tätigkeiten.

Diese Frau arbeitet als Rangierlokführerin. Das große Ding in ihrer Tasche ist übrigens eine Fernbedienung: Damit kann sie die Lokomotive vom Bahnsteig aus fernsteuern.

WOHER KOMMEN DIE INFORMATIONEN FÜR DIESES BUCH?

Natürlich wusste der Autor als häufiger Bahnfahrer etwas über die Eisenbahn und die Entwicklung des Schienenverkehrs. Was er nicht wusste oder nicht genau wusste, hat er im Internet recherchiert oder in Büchern nachgeschlagen. Woher die Autorinnen und Autoren dieser Medien ihre Informationen haben, weiß er allerdings nicht. Das müsste recherchiert werden.

Informiert hat sich der Autor bei Wikipedia und auch sonst im Internet.

Bücher, die er benutzt hat:

Brockhaus Enzyklopädie

Karl Rezac: E-Lok, Stellwerk, Zahnradbahn (Kinderbuchverlag Berlin)

dtv junior lexikon

WAS ist WAS? Eisenbahn (Tessloff Verlag)

memo, Eisenbahnen (Dorling Kindersley Verlag)

Zukunftsbranche Bahn (Bahn-Media Verlag)

Uelzen und die Eisenbahn (WIEKRA Edition)

DANK

Bedanken möchte sich der Autor bei dem Verleger Christian Wiechel-Kramüller und seiner Frau Andrea. Er hat das Buch angeregt. Beiden danke ich für die herzliche, zugewandte und immer unterstützende Zusammenarbeit.

Ein dickes Dankeschön geht an ‚meine' Lektorin Dr. Regine Anacker (Buchstablerei) für die geduldige, kritische und fröhliche Zusammenarbeit. Es war eine Freude!

Dank auch an Barbara Küper (literarische Agentur und Medienservice). Unsere Zusammenarbeit lebt seit Jahren. Sie hat für die Ausgestaltung des Vertrags gesorgt und Johann Brandstetter (Atelier für Gestaltung) zur Zusammenarbeit bewegt. Sie und ihr Mann Joachim sind für meine Frau und mich berufliche und private Freunde. Ein herzliches Dankeschön an Johann Brandstetter für seine Bilder, die ich sehr mag. Mit seinen Bildern wird unser Buch richtig lebendig. Florian v. Wissel danke ich für sein gelungenes Layout.

Besonders heftig bedanke ich mich bei meiner Frau Brigitte Meves. Sie liest meine Texte gründlich und als Erste. Sie macht Vorschläge zur Verbesserung, die manchmal ziemlich ironisch sind, was ich wunderbar finde. Und sie erträgt meine Arbeit nun schon sehr lange.

Wir danken folgenden Unternehmen und Organisationen für die freundliche Unterstützung:

BILDNACHWEIS

S. **49** . . . . Pferdekutsche – Ingo Bartussek / Adobe Stock
S. **50** . . . . SDTB / C. Kirchner
S. **51** . . . . Adobe Stock / Juulijs
S. **52** . . . . Adobe Stock / Sergey Kohl
S. **53** . . . . Verein Verkehrsamateure und Museumsbahn e. V. (VVM), Slg. Scot Feder
S. **54** . . . . Deutsches Museum, München
S. **55** . . . . Adobe Stock / Basicmoments
S. **56** . . . . Deutsches Museum, München
S. **57** . . . . https://de.wikipedia.org/wiki/George_Stephenson, https://de.wikipedia.org/wiki/Robert_Stephenson
S. **58** . . . . Deutsches Museum, München
S. **59** . . . . Deutsches Museum, München
S. **60** . . . . Picture Alliance / R. Schuster
S. **61** . . . . Picture Alliance / Daniel Schäfer
S. **63** . . . . Picture Alliance / Eibner-Pressefoto
S. **64** . . . . Adobe Stock / EKH-Pictures
S. **66** . . . . Transsibirische Eisenbahn – lesniewski / Adobe Stock
S. **68/69** . . . . . Pexels / Harrison Haines
S. **72/73** . . . . . Pexels / Gabriela Palai
S. **75** . . . . Picture Alliance / Joaquim Ferreira
S. **76/77** . . . . . Plasser & Theurer
S. **78** . . . . Weiche – Dieter Pregizer / Adobe Stock
S. **79** . . . . DB AG / Oliver Lang
S. **80** . . . . Adobe Stock / eyetronic
S. **81** . . . . Adobe Stock / Benjamin Salazar
S. **82** . . . . Adobe Stock / vaakim
S. **83** . . . . Adobe Stock / stu12
S. **84/85** . . . . . Robel
S. **86** . . . . Adobe Stock / Leonid Andronov
S. **88** . . . . Adobe Stock / GrebnerFotografie
S. **91** . . . . DB AG / Volker Emersleben
S. **92/93** . . . . . HHLA / Thies Rätzke
S. **94** . . . . Adobe Stock / Tierney
S. **97** . . . . Alstom / Sabrina Adeline Nagel
S. **98** . . . . DB AG / Pablo Castagnola
S. **101** . . . . . . Wagenmeister – Deutsche Bahn AG / Volker Emersleben
S. **102/103** . . . GATX
S. **104** . . . . . . Akiem
S. **107** . . . . . . DB AG / Oliver Lang

Trotz intensiver Bemühungen konnten nicht bei allen Bildern die Quelle zweifelsfrei geklärt und eventuelle Rechteinhaber ausfindig gemacht werden. Im Zweifel bitten wir die entsprechenden Personen/Rechteinhaber, sich beim Verlag zu melden.

Die Deutsche Bibliothek – CIP Einheitsaufnahme
Die Deutsche Bibliothek verzeichnet diese Publikation in der Deutschen Nationalbibliografie; detaillierte bibliografische Daten sind im Internet über http://dnb.ddb.de abrufbar.

© **WIEKRA**edition

1. Auflage 2024
ISBN: 978-3-940189-24-0

Ein Projekt von Zukunftsbranche Bahn in Kooperation mit dem
Verband Deutscher Verkehrsunternehmen (VDV) und dem Deutschen Museum München

Konzept & Text: Achim Bröger
Illustrationen & Cover: Johann Brandstetter
Satz & Layout: Florian v. Wissel, Köln
Projektbegleitung: Maike von Scheve, Dr. Stefanie Affeldt
Lektorat: Dr. Regine Anacker
Druck & Bindung: Grafisches Centrum Cuno GmbH & Co. KG, Calbe (Saale)
Printed in Germay